O TOMBAMENTO COMO INSTRUMENTO DE PROTEÇÃO AO PATRIMÔNIO CULTURAL

ANDRE LUIZ DOS SANTOS NAKAMURA

Prefácio
Thiago Marrara

O TOMBAMENTO COMO INSTRUMENTO DE PROTEÇÃO AO PATRIMÔNIO CULTURAL

Belo Horizonte

2024

© 2024 Editora Fórum Ltda.

É proibida a reprodução total ou parcial desta obra, por qualquer meio eletrônico, inclusive por processos xerográficos, sem autorização expressa do Editor.

Conselho Editorial

Adilson Abreu Dallari
Alécia Paolucci Nogueira Bicalho
Alexandre Coutinho Pagliarini
André Ramos Tavares
Carlos Ayres Britto
Carlos Mário da Silva Velloso
Cármen Lúcia Antunes Rocha
Cesar Augusto Guimarães Pereira
Clovis Beznos
Cristiana Fortini
Dinorá Adelaide Musetti Grotti
Diogo de Figueiredo Moreira Neto (*in memoriam*)
Egon Bockmann Moreira
Emerson Gabardo
Fabrício Motta
Fernando Rossi
Flávio Henrique Unes Pereira

Floriano de Azevedo Marques Neto
Gustavo Justino de Oliveira
Inês Virgínia Prado Soares
Jorge Ulisses Jacoby Fernandes
Juarez Freitas
Luciano Ferraz
Lúcio Delfino
Marcia Carla Pereira Ribeiro
Márcio Cammarosano
Marcos Ehrhardt Jr.
Maria Sylvia Zanella Di Pietro
Ney José de Freitas
Oswaldo Othon de Pontes Saraiva Filho
Paulo Modesto
Romeu Felipe Bacellar Filho
Sérgio Guerra
Walber de Moura Agra

CONHECIMENTO JURÍDICO

Luís Cláudio Rodrigues Ferreira
Presidente e Editor

Coordenação editorial: Leonardo Eustáquio Siqueira Araújo / Aline Sobreira de Oliveira
Revisão: Fabiana Guimarães Coelho
Capa, projeto gráfico e diagramação: Walter Santos

Rua Paulo Ribeiro Bastos, 211 – Jardim Atlântico – CEP 31710-430
Belo Horizonte – Minas Gerais – Tel.: (31) 99412.0131
www.editoraforum.com.br – editoraforum@editoraforum.com.br

Técnica. Empenho. Zelo. Esses foram alguns dos cuidados aplicados na edição desta obra. No entanto, podem ocorrer erros de impressão, digitação ou mesmo restar alguma dúvida conceitual. Caso se constate algo assim, solicitamos a gentileza de nos comunicar através do *e-mail* editorial@editoraforum.com.br para que possamos esclarecer, no que couber. A sua contribuição é muito importante para mantermos a excelência editorial. A Editora Fórum agradece a sua contribuição.

Dados Internacionais de Catalogação na Publicação (CIP) de acordo com ISBD

N163t   Nakamura, Andre Luiz dos Santos

O tombamento como instrumento de proteção ao patrimônio cultural / Andre Luiz dos Santos Nakamura. Belo Horizonte: Fórum, 2024.

154 p. 14,5x21,5cm
ISBN impresso 978-65-5518-744-1
ISBN digital 978-65-5518-751-9

1. Tombamento. 2. Patrimônio cultural. 3. Função sociocultural da propriedade. 4. Intervenção do Estado na propriedade. I. Título.

CDD: 351
CDU: 35

Ficha catalográfica elaborada por Lissandra Ruas Lima – CRB/6 – 2851

Informação bibliográfica deste livro, conforme a NBR 6023:2018 da Associação Brasileira de Normas Técnicas (ABNT):

NAKAMURA, Andre Luiz dos Santos. *O tombamento como instrumento de proteção ao patrimônio cultural*. Belo Horizonte: Fórum, 2024. 154 p. ISBN 978-65-5518-744-1.

Aos meus filhos, Alice e Alvaro, que me proporcionam, todos os dias, os verdadeiros momentos de felicidade da minha vida.

AGRADECIMENTOS

Agradeço a:

- Katieli, por ser minha companheira nesta jornada de amor, felicidades, dificuldades, superações e vitórias;
- Tiffany, por ser minha eterna amiga mais fiel e carinhosa;
- todos os Técnicos e Conselheiros do CONDEPHAAT, que muito me ensinaram sobre o tombamento.

"Sem a cultura, e a liberdade relativa que ela pressupõe, a sociedade, por mais perfeita que seja, não passa de uma selva. É por isso que toda a criação autêntica é um dom para o futuro."

(Albert Camus)

SUMÁRIO

PREFÁCIO
Thiago Marrara..15

APRESENTAÇÃO...19

INTRODUÇÃO...21

CAPÍTULO 1
TOMBAMENTO: CONCEITO, OBJETO E FUNDAMENTO
JURÍDICO..23
1.1 O vocábulo "tombamento" e seu conceito 23
1.2 Histórico da legislação nacional sobre tombamento no Brasil 25
1.3 Finalidade do tombamento...28
1.3.1 Conceito de patrimônio cultural...28
1.4 Outros instrumentos de proteção do patrimônio cultural: inventários, registros, vigilância e desapropriação....................34
1.4.1 Inventários e registros..35
1.4.2 Vigilância..38
1.4.3 Desapropriação como instrumento de proteção do patrimônio cultural 38
1.4.4 Outras formas de acautelamento e preservação 41
1.5 Objeto do tombamento..44
1.5.1 Tombamento de bens públicos...46
1.6 Fundamento jurídico do tombamento 49
1.6.1 O patrimônio cultural como um direito fundamental........51
1.7 Classificação do tombamento..53

CAPÍTULO 2
O PROCESSO DO TOMBAMENTO 55

2.1 Defesa do proprietário e possuidor do bem objeto do processo de tombamento 56
2.2 Publicidade do processo de tombamento 57
2.3 Competência para o tombamento 59
2.3.1 Competência material para o tombamento 60
2.3.2 Competência legislativa em matéria de tombamento 65
2.3.2.1 Competência legislativa dos Municípios em matéria de tombamento 67
2.3.3 Delimitação das regras gerais e especiais em matéria de tombamento 68
2.4 O tombamento e o conflito com leis municipais que disciplinam o uso do solo urbano 69
2.5 O procedimento do tombamento 73
2.6 A proteção provisória do bem tombado em razão da abertura do processo de tombamento – o tombamento provisório 76
2.7 Discricionariedade e vinculação no processo de tombamento 84
2.7.1 Discricionariedade – noções gerais 87
2.7.2 Conflito entre normas constitucionais – eventual conflito do tombamento com outros direitos fundamentais assegurados pela Constituição Federal 89
2.7.2.1 Patrimônio cultural sem relevante interesse público 91
2.7.2.2 O desenvolvimento econômico x tombamento 93
2.7.3 Destombamento 97
2.8 Controle judicial do tombamento 100
2.9 Tombamento determinado pelo Poder Judiciário e pelo Poder Legislativo – limites e possibilidades 104

CAPÍTULO 3
EFEITOS DO TOMBAMENTO 109

3.1 Tombamento – ato administrativo de efeitos declaratórios e constitutivos 110
3.2 Efeitos do tombamento em relação aos proprietários do bem protegido 111
3.2.1 Do direito do proprietário do bem tombado de utilizá-lo, salvo vedação legal, da forma que quiser, salvo se houver incompatibilidade com a preservação do bem – vedação ao tombamento de uso 113

3.3	Os deveres do Poder Público em relação ao bem tombado	115
3.3.1	O dever do Poder Público de custear as obras necessárias à conservação do bem tombado em substituição ao proprietário que não dispõe de recursos	117
3.4	Efeitos do tombamento perante terceiros – a área envoltória do tombamento	121
3.4.1	A extensão da área envoltória	123
3.5	Tombamento e indenização ao proprietário do bem tombado	126
3.5.1	Limitações administrativas ao direito de propriedade	127
3.5.2	Sacrifícios ao direito de propriedade – medidas expropriatórias	130
3.5.3	Servidão administrativa	134
3.6	Tombamento: natureza jurídica singular – conjunto de deveres decorrentes da função sociocultural da propriedade	136
3.7	Indenização ao proprietário do bem tombado – em regra, não cabível, mas possível em alguns casos	138

REFERÊNCIAS 147

PREFÁCIO

A amnésia coletiva é o mais perigoso dos riscos sociais. Ao esquecer seu passado, a sociedade torna-se incapaz de compreender suas raízes e de entender sua evolução. Mais que isso, corre o risco de reincidir em erros, de repetir abusos e atrocidades. Por esses e outros motivos, recordar é imprescindível!

Dia a dia, é preciso rememorar as glórias e as derrotas, as alegrias e os desgostos, os motivos de orgulho da nação e de vergonha coletiva. Erra, portanto, quem limita a proteção da história aos eventos de exaltação do próprio povo ou seu Estado. A complexidade social de hoje somente pode ser explicada ao se retratar os feitos históricos com fidelidade, sem recortes idealizados. A proteção da história deve abranger, assim, os bons e maus momentos (ou, nas palavras dos alemães, as feridas da história).

Tamanha é a relevância da proteção da história para os destinos de uma nação, que inúmeras Constituições trazem regras sobre o assunto. A Constituição da República de 1988 evidencia isso. O art. 215 consagra os direitos culturais e atribui ao Estado o dever de garanti-los, ao mesmo tempo em que tutela as fontes da cultura nacional e incentiva a valorização das manifestações culturais. Nessas tarefas, todos os grupos participantes do processo civilizatório nacional necessitam ser considerados. Não há espaço para recortes ou simplificações.

De outra parte, o art. 216 tem o papel de definir o patrimônio cultural brasileiro, nele incluindo bens materiais ou imateriais, isolados ou em conjunto, que fazem referência à identidade, à ação ou à memória dos grupos formadores da sociedade brasileira. Esse patrimônio abarca formas de expressão, modos de criar, fazer e viver; obras, documentos, edificações e outros espaços de relevância cultural, conjuntos urbanos e sítios de valor histórico, paisagístico, artístico, arqueológico, paleontológico, ecológico e científico.

Para além de definir esse conceito central, consagrar dircitos culturais e fixar o papel do Estado na sua concretização, a Constituição ainda enumera variados instrumentos para a tutela da história nacional e do patrimônio que a reflete. De um lado, impõe a fixação de datas comemorativas de alta significação para os diferentes segmentos étnicos nacionais. De outro, requer a defesa e a valorização do patrimônio cultural por técnicas como o inventário, o registro, a vigilância, o tombamento e a desapropriação.

Algumas dessas técnicas são conhecidas e aplicadas há mais de século no Brasil. O tombamento é o melhor exemplo. Como medida de restrição estatal da propriedade, sua disciplina legal vem do Decreto-Lei nº 25/1937, ou seja, da época Vargas. Desde então, ele se tornou o principal e mais polêmico instrumento de proteção do patrimônio cultural no Brasil.

As polêmicas que circundam o tombamento são das mais diversas razões. Ora seu regime é questionado pelo fato de não ter sido juridicamente atualizado como deveria, pecando por falhas no respeito a garantias fundamentais e na condução dos processos interventivos sobre a propriedade. Ora sua utilidade é posta em xeque, pois nem sempre os proprietários conseguem lidar com o patrimônio tombado, nem o Estado se mostra em condições de cumprir os papeis que a legislação nacional lhe confere. Não bastasse isso, tem-se discutido em que medida novas formas de proteção podem se mostrar mais razoáveis que o tombamento ou, alternativamente, podem ser combinadas com ele para conferir dinamismo e efetividade à proteção cultural. Aqui entra em jogo, por exemplo, a transferência do direito de construir prevista no Estatuto da Cidade.

Discussões intricadas como as apontadas demandam, há muito tempo, trabalhos especializados e de fôlego da doutrina jurídica. No entanto, infelizmente, a produção científica sobre a matéria tem sido bastante escassa, resumindo-se, frequentemente, a considerações gerais dos manuais. Já a prática da Administração Pública tem se circunscrito a reproduzir comandos do passado, sem grande criatividade ou uma análise mais robusta sobre as alternativas de proteção histórica que a legislação oferece.

É nesse contexto que se insere e se destaca a nova obra de André Nakamura. Valendo-se de sua larga experiência como Procurador do Estado e de sua dedicação a temas contemporâneos sobre a proteção do patrimônio cultural no âmbito do Conselho de Defesa do Patrimônio Histórico, Arqueológico, Artístico e Turístico do Estado de São Paulo (CONDEPHAAT), Nakamura traz agora ao público um estudo atual, profundo e especializado sobre o tombamento e institutos análogos. Trata-se de um livro resultante não apenas de sua reconhecida capacidade de análise teórica, mas, sobretudo, de sua incontestável experiência com questões difíceis e desafiadoras a respeito do tombamento e institutos análogos.

Inaugurando sua obra, Nakamura apresenta a teoria geral do tombamento, com a definição do conceito, seus fundamentos jurídicos e sua importância para a efetiva tutela do patrimônio cultural brasileiro. Nessa primeira parte, também aprofunda a descrição e análise sobre instrumentos congêneres, como a vigilância, os inventários e os registros que, não raramente, são ignorados pela Administração, embora se revelem mais adequados e menos interventivos que o tombamento em certos casos.

Em seguida, Nakamura se debruça sobre aspectos processuais relevantes. Parte das garantias da defesa e da publicidade do processo administrativo, passa pela apreciação das competências e aborda as características jurídicas definidoras da decisão de tombamento. Já em seu capítulo de arremate, dedica-se à situação jurídica do bem tombado e os efeitos que sua condição ocasiona para o Estado, o proprietário, a vizinhança e a coletividade. Ao abordar esses aspectos, examina questões jurídicas muito relevantes, como a da possibilidade de indenização ao proprietário e a da extensão da área envoltória.

Ao longo dessa trajetória analítica, o texto de Nakamura se apoia em fundamentos doutrinários e na jurisprudência recente, dando destaque para questões atuais de grande utilidade para quem se dedica ao assunto. Não bastasse isso, tem o mérito de oferecer uma leitura especializada e contemporânea do regime jurídico do tombamento e seus instrumentos congêneres, harmonizando-os, como deve ser, com os princípios retores do direito administrativo contemporâneo e as novas tendências da Administração Pública.

Ao autor, meus desejos de sucesso e meus parabéns por mais uma obra de qualidade, dedicada a tema tão relevante e que carece de estudos aprofundados.

Que venham as futuras edições!

Thiago Marrara
Professor de Direito Administrativo da USP (FDRP). Livre-docente (USP). Doutor pela Universidade de Munique (LMU). Consultor jurídico, parecerista e árbitro.

APRESENTAÇÃO

No ano de 2019, fui nomeado para integrar o Conselho de Defesa do Patrimônio Histórico, Arqueológico, Artístico e Turístico do Estado de São Paulo – CONDEPHAAT.

Diversas questões complexas envolvendo o tombamento foram-me apresentadas para serem solucionadas. Cada manifestação envolvendo o assunto "tombamento" demandou um estudo da legislação, doutrina e jurisprudência. Tais estudos foram se acumulando e se tornaram abrangentes. Daí surgiu o propósito de compilar todo o conhecimento acumulado durante esse período de intensa atuação profissional e elaborar um livro que pudesse ser um guia seguro para todos os profissionais que atuam na área do tombamento.

No Capítulo I, apresento uma teoria geral do tombamento, seu conceito, fundamento jurídico. Entre outros assuntos, discorro sobre o conceito de patrimônio cultural e sobre os instrumentos previstos no ordenamento jurídico para a defesa daquele. O processo do tombamento, procedimento, competência e demais assuntos correlatos, tais como natureza jurídica da decisão que decreta o tombamento, são tratados no Capítulo II. Por fim, no Capítulo III analiso os efeitos do tombamento em relação ao bem tombado, ao proprietário, a terceiros e à coletividade.

Sem a pretensão de esgotar o assunto, elaborei um texto teórico e prático, fundamentado na doutrina, Jurisprudência pátria, bem como no direito comparado, buscando responder a algumas das questões que surgem no tombamento, que certamente será de grande utilidade a todos os profissionais do Direito e gestores públicos.

INTRODUÇÃO

O tombamento é um instituto controverso do Direito Administrativo, disciplinado no âmbito federal pelo vetusto Decreto-Lei nº 25/1937. Trata-se do mais relevante instrumento para a preservação do patrimônio cultural nacional. Tendo em vista a atual disciplina legal, editada em período de exceção, parcialmente incompatível com o atual ordenamento jurídico, faz-se necessário revisitar e atualizar o instituto do tombamento.

Este livro irá tratar, sob um enfoque teórico e prático, dos assuntos mais relevantes do instituto do tombamento, tais como conceito, objeto, fundamento jurídico, processo administrativo, efeitos, tombamento provisório, área envoltória, indenização ao proprietário do imóvel tombado e discricionariedade no ato administrativo que decreta o tombamento. Buscou-se identificar as decisões recentes dos Tribunais Superiores sobre o assunto, o entendimento da doutrina especializada, o direito comparado, bem como foram propostas soluções ainda não aventadas a relevantes questões que surgem na preservação do patrimônio cultural por meio do tombamento.

Trata-se de trabalho essencial para todos os que atuam na preservação do patrimônio cultural, nos diversos níveis de governo, para profissionais da área do Direito (advogados, magistrados, membros do Ministério Público e Advocacia Pública), para técnicos de órgãos de proteção ao patrimônio cultural, bem como aos proprietários que tiveram ou terão algum bem tombado.

CAPÍTULO 1

TOMBAMENTO: CONCEITO, OBJETO E FUNDAMENTO JURÍDICO

1.1 O vocábulo "tombamento" e seu conceito

O tombamento é o ato administrativo que declara especialmente protegido determinado bem, paisagem ou local, em razão da sua relevância para a proteção do patrimônio cultural, protegendo-o contra modificações que lhe alterem a essência, impedindo sua destruição, impondo deveres ao seu proprietário e a terceiros, bem como ocasionando prerrogativas ao Poder Público de fiscalização e de aplicação de sanções. Conforme lição de Hely Lopes Meirelles, o "*tombamento* é a declaração pelo Poder Público do valor histórico, artístico, paisagístico, turístico, cultural ou científico de coisas ou locais que, por essa razão, devam ser preservados, de acordo com a inscrição em livro próprio".[1] Após o tombamento, o bem relevante ao patrimônio cultural encontra-se especialmente protegido, incidindo sobre ele um regime jurídico especial.

A expressão "tombamento" decorre da palavra "tombo", que no português arcaico tem o significado de inventário autêntico de bens.[2] Há, também, uma origem história da expressão "tombamento". A Península Ibérica, durante muitos séculos, foi conquistada e habitada pelos Mouros. A região de Portugal foi retomada pela cristandade no século XIII, tornando a cidade de Lisboa a Capital do Reino Português.

---

[1] MEIRELLES, Hely Lopes. *Direito Administrativo*. 35. ed. São Paulo: Malheiros, 2009, p. 582.
[2] Nesse sentido: MELLO, Celso Antônio Bandeira de. *Curso de direito administrativo*. 27. ed. São Paulo: Malheiros, 2010, p. 911.

Com isso, o Castelo dos Mouros, que se localizava nos arredores de Lisboa, tornou-se Paço Real, e seu nome foi alterado para Castelo de São Jorge. Foi instalado, em uma das torres do Castelo de São Jorge – denominada Torre do Tombo, o Arquivo Público do Reino.[3] No período compreendido entre 1378 a 1755, o Arquivo Público do Reino ficou instalado na denominada Torre do Tombo.

Do relato histórico acima, resulta que o edifício denominado "Torre do Tombo" abrigou o Instituto dos Arquivos Nacionais Torre do Tombo. O vocábulo "tombo", que tinha o sentido de inventariar, arrolar ou inscrever nos arquivos, deu origem, no Brasil, à expressão tombamento. Após ser inventariado, arrolado ou inscrito nos livros dos Arquivos Nacionais Torre do Tombo, o bem de interesse cultural era considerado tombado.

Anote-se que em Portugal não se utiliza o termo "tombamento". A Lei portuguesa nº 107/2001[4] prevê dois instrumentos de proteção ao patrimônio cultural: a classificação e a inventariação. Conforme art. 18º da Lei portuguesa nº 107/2001, "entende-se por classificação o acto final do procedimento administrativo mediante o qual se determina que certo bem possui um inestimável valor cultural"; a classificação seria restrita aos bens móveis. A inventariação, prevista no art. 19º, consiste no "levantamento sistemático, actualizado e tendencialmente exaustivo dos bens culturais existentes a nível nacional, com vista à respectiva identificação"; o inventário abrange bens móveis e imóveis, públicos ou privados. Assim, o termo tombamento não é utilizado em Portugal, nem em qualquer outro lugar no mundo.

Na Inglaterra,[5] o instituto semelhante ao nosso tombamento é denominado de "Listed Buildings". Esse é precedido de um processo de classificação e listagem:

---

[3] Cf. INSTITUTO DO PATRIMÔNIO HISTÓRICO E ARTÍSTICO DO ESTADO DO RIO GRANDE DO SUL – IPHAE. O significado da palavra tombamento. Disponível em: REPÚBLICA DE PORTUGAL. http://www.iphae.rs.gov.br/Main.php?do=noticiasDetalhesAc&item=37302. Acesso em: 25 fev. 2023.

[4] REPÚBLICA PORTUGUESA. Lei nº 107/2001. Estabelece as bases da política e do regime de protecção e valorização do património cultural. Disponível em: https://diariodarepublica.pt/dr/legislacao-consolidada/lei/2001-72871514-72871608. Acesso em: 05 nov. 2023.

[5] UNITED KINGDOM. PRINCIPLES OF SELECTION FOR LISTED BUILDINGS. Disponível em: https://assets.publishing.service.gov.uk/media/5beef3c9e5274a2b0b4267e0/Revised_Principles_of_Selection_2018.pdf. Acesso em: 03 mar. 2024.

Processes of classification are necessary for the practical purposes of identifying and protecting individual buildings. This is achieved through the statutory system for listing buildings. Listing is a celebration of special architectural and historic interest, and plays a vital part in safeguarding this legacy. It protects a diverse range of buildings and structures, from palaces to barns, tombstones to skate parks, sculpture to cinemas.[6]

No Brasil, o termo tombamento tem sido utilizado desde a edição do Decreto-Lei nº 25/1937. A Constituição Federal de 1988 expressamente se refere ao termo "tombamento" no art. 216, §1º. A Constituição do Estado de São Paulo não utiliza o termo "tombamento", disciplinando a defesa do patrimônio cultural, bem como faz referência ao órgão de proteção estadual, denominado Conselho de Defesa do Patrimônio Histórico, Arqueológico, Artístico e Turístico do Estado de São Paulo – CONDEPHAAT. Entretanto, a lei paulista que rege o assunto, Decreto-Lei nº 149/1969, expressamente, em seu art. 1º, prevê "o tombamento de bens, móveis ou imóveis, encontrados em seu território, cuja proteção, preservação ou conservação seja de interesse público em razão de seu valor estético ou histórico".

1.2 Histórico da legislação nacional sobre tombamento no Brasil

As Constituições de 1824 e de 1891 não disciplinavam a proteção ao patrimônio cultural e, consequentemente, não havia o instituto do tombamento. Tal fato se deve ao ideal liberal que marcou a elaboração das Constituições de 1824 e 1891. Conforme leciona Marcus Firmino Santiago,[7] "no Século XIX, o modelo estatal brasileiro se alinhava com o paradigma liberal dominante, recebendo influências de diferentes sistemas". Num sistema pautado pelo liberalismo, qualquer intervenção do Estado na propriedade privada era indesejável. Dessa forma, não houve espaço para uma proteção ao patrimônio cultural por meio do tombamento.

---

[6] "Os processos de classificação são necessários para fins práticos de identificação e proteção de edifícios individuais. Isso é conseguido através do sistema legal de listagem de edifícios. A listagem é uma celebração de especial interesse arquitetônico e histórico e desempenha um papel vital na salvaguarda esse legado. Protege uma grande variedade de edifícios e estruturas, desde palácios a celeiros, lápides a parques de *skate*, esculturas em cinema." (tradução livre).

[7] SANTIAGO, Marcus Firmino. Liberalismo e bem-estar social nas constituições brasileiras. *História Constitucional*, n. 16, p. 339-372, 2015.

A proteção ao patrimônio histórico e artístico aparece pela primeira vez na Constituição de 1934, que previa:

> Art. 148 – Cabe à União, aos Estados e aos Municípios favorecer e animar o desenvolvimento das ciências, das artes, das letras e da cultura em geral, *proteger os objetos de interesse histórico e o patrimônio artístico do País,* bem como prestar assistência ao trabalhador intelectual. (Grifo nosso)

Na vigência da Constituição de 1934, foi criado, pela Lei nº 378/1937 (art. 46), o Serviço do Patrimônio Histórico e Artístico Nacional, com a finalidade de promover, em todo o território nacional, e de modo permanente, o tombamento, a conservação, o enriquecimento e o conhecimento do patrimônio histórico e artístico nacional.

Por sua vez, a Constituição de 1937 dispôs que:

> Art. 134 – *Os monumentos históricos, artísticos e naturais, assim como as paisagens ou os locais particularmente dotados pela natureza, gozam da proteção e dos cuidados especiais da Nação, dos Estados e dos Municípios.* Os atentados contra eles cometidos serão equiparados aos cometidos contra o patrimônio nacional. (Grifo nosso).

Nota-se que houve um avanço do texto da Constituição de 1937 em relação ao texto de 1934, tendo em vista que este apenas se referia ao interesse histórico e ao patrimônio artístico. O texto da Constituição de 1937 expressamente protegia os monumentos de interesse histórico, artístico e natural. Sob a égide da Constituição de 1937, foi promulgado o Decreto-Lei nº 25/1937, a norma federal ainda vigente que disciplina o instituto do tombamento. Também foi editado o Decreto-Lei nº 3.866/1941, o qual prevê a competência discricionária do Presidente da República para o cancelamento do tombamento (norma ainda formalmente vigente, que deverá ser interpretada de forma compatível com a atual Constituição Federal, como será abaixo demonstrado).

Mais um avanço nota-se no texto da Constituição de 1946, que além da proteção ao valor histórico e artístico e aos monumentos naturais, previu, pela primeira vez, a proteção às paisagens e locais dotados de beleza:

> Art. 175 – *As obras, monumentos e documentos de valor histórico e artístico, bem como os monumentos naturais, as paisagens e os locais dotados de particular beleza ficam sob a proteção do Poder Público.* (Grifo nosso)

A Constituição de 1967 dispôs sobre o tombamento da seguinte forma:

> Art. 172 – O amparo à cultura é dever do Estado.
> Parágrafo único – *Ficam sob a proteção especial do Poder Público os documentos, as obras e os locais de valor histórico ou artístico, os monumentos e as paisagens naturais notáveis, bem como as jazidas arqueológicas.* (Grifo nosso)

Nota-se mais avanço, tendo em vista que pela primeira vez a Constituição expressamente determinou a proteção das jazidas arqueológicas.

A Emenda Constitucional nº 1/1969, que alterou todo o texto da Constituição de 1967, não alterou a disciplina anterior desta:

> Art. 180. O amparo à cultura é dever do Estado.
> Parágrafo único. Ficam sob a proteção especial do Poder Público os documentos, as obras e os locais de valor histórico ou artístico, os monumentos e as paisagens naturais notáveis, bem como as jazidas arqueológicas.

Sob a égide da Constituição de 1967 (com a redação dada pela Emenda Constitucional nº 1/1969), o Brasil subscreveu a Convenção Relativa à Proteção do Patrimônio Mundial, Cultural e Natural, aprovada pela Conferência Geral da UNESCO, realizada em Paris, de 17 de outubro a 21 de novembro de 1972. Esta foi aprovada pelo Decreto Legislativo nº 74, de 1977.

Por sua vez, a Constituição de 1988 inovou ao trazer a expressão "patrimônio cultural" em substituição ao termo "patrimônio histórico e artístico" empregado pelas Constituições anteriores. Sobre a mudança da terminologia da Constituição de 1988, em relação às Constituições anteriores, José Afonso da Silva leciona que:

> "Patrimônio" cultural é expressão mais adequada e mais abrangente do que "patrimônio histórico e artístico". Menos adequado, embora não menos abrangente, é falar-se em "patrimônio histórico, artístico ou cultural", porque o "cultural" já inclui o "histórico" e o "artístico". Por isso, a Constituição andou bem empregando a expressão sintética "patrimônio cultural" no art. 216, embora já não o tenha feito tão bem quando se refere a 'bens de valor histórico, artístico e cultural', nos arts. 23, III e IV e 24, VII.[8]

---

[8] SILVA, José Afonso da. *Comentário contextual à Constituição*. 4. ed. São Paulo: Malheiros, 2007, p. 809-810.

Assim, nota-se que a proteção ao patrimônio cultural hoje disciplinada pela Constituição de 1988 decorre de uma longa evolução do direito positivo brasileiro, iniciada com a Constituição Federal de 1934. Entretanto, a legislação federal vigente, Decreto-Lei nº 25/1937, foi editada antes da evolução da disciplina constitucional sobre a proteção ao patrimônio cultural. Dessa forma, necessário que o intérprete e aplicador do Decreto-Lei nº 25/1937 faça um trabalho exegético guiado pela Constituição Federal de 1988, bem como pela atual realidade fática, muito diferente da existente no ano de 1937.

1.3 Finalidade do tombamento

O tombamento tem por finalidade preservar, proteger e perpetuar um bem relevante ao patrimônio cultural, conforme decorre do art. 216, §1º, da Constituição Federal. Por meio do tombamento, um bem é declarado como relevante ao patrimônio cultural, resultando na incidência de um regime jurídico diferenciado que cria deveres aos proprietários dos bens tombados, a terceiros e ao Poder Público, bem como prerrogativas a este.

Percebe-se que o tombamento é apenas um meio para a consecução de uma finalidade, qual seja, a preservação do patrimônio cultural. Dessa forma, faz-se necessário definir o conceito de patrimônio cultural.

1.3.1 Conceito de patrimônio cultural

Conforme definição constante do art. 1º da Convenção para a Proteção do Patrimônio Mundial, Cultural e Natural,[9] são considerados como patrimônio cultural: i) *os monumentos*, ou seja, as obras arquitetônicas, de escultura ou de pintura monumentais, elementos de estruturas de caráter arqueológico, inscrições, grutas e grupos de elementos com valor universal excepcional do ponto de vista da história, da arte ou da ciência; ii) *os conjuntos*, grupos de construções isoladas ou reunidos que, em virtude da sua arquitetura, unidade ou integração na paisagem, têm valor universal excepcional do ponto de vista da história,

---

[9] Organização das Nações Unidas para a Educação, a Ciência e a Cultura. UNESCO. Convenção para a protecção do património mundial, cultural e natural. Disponível em: https://whc.unesco.org/archive/convention-pt.pdf. Acesso em: 19 ago. 2023.

da arte ou da ciência; iii) *os locais de interesse*, as obras do homem, ou obras conjugadas do homem e da natureza, e as zonas, incluindo os locais de interesse arqueológico, com um valor universal excepcional do ponto de vista histórico, estético, etnológico ou antropológico.

Os bens que integram o patrimônio cultural dividem-se em:[10] i) patrimônio material: conjunto de bens imóveis como as cidades históricas, sítios arqueológicos e paisagísticos e bens individuais; ou móveis, como coleções arqueológicas, acervos museológicos, documentais, bibliográficos, arquivísticos, videográficos, fotográficos e cinematográficos; ii) patrimônio arqueológico: vestígios e lugares relacionados a grupos humanos pretéritos responsáveis pela formação identitária da sociedade brasileira, representado por sítios arqueológicos, peças avulsas, coleções e acervos, podendo ser classificado em bens móveis e imóveis; iii) patrimônio imaterial: práticas e domínios da vida social que se manifestam em saberes, ofícios e modos de fazer; celebrações; formas de expressão cênicas, plásticas, musicais ou lúdicas; e lugares (como mercados, feiras e santuários que abrigam práticas culturais coletivas).

Dispõe o art. 216 da Constituição Federal que o patrimônio cultural brasileiro é constituído pelos bens de natureza material e imaterial, tomados individualmente ou em conjunto, portadores de referência à identidade, à ação, à memória dos diferentes grupos formadores da sociedade brasileira, nos quais se incluem: i) as formas de expressão; ii) os modos de criar, fazer e viver; iii) as criações científicas, artísticas e tecnológicas; iv) as obras, os objetos, documentos, edificações e demais espaços destinados às manifestações artístico-culturais; v) os conjuntos urbanos e sítios de valor histórico, paisagístico, artístico, arqueológico, paleontológico, ecológico e científico.

Os bens que compõem o patrimônio cultural podem ser imateriais ou materiais. Estes podem ser móveis, tais como manuscritos, quadros, esculturas e demais obras de arte, ou imóveis. Os bens imóveis são os mais comumente tombados, tais como edificações, vilas e conjuntos urbanos. O instrumento de proteção ao patrimônio cultural deve ser o mais adequado às características do bem protegido. Para os bens imóveis, o tombamento e a desapropriação são os instrumentos mais adequados de proteção. Para os bens móveis, em regra, a desapropriação tende a ser o meio de proteção mais efetivo.

---

[10] INSTITUTO DO PATRIMÔNIO HISTÓRICO E ARTÍSTICO NACIONAL. IPHAN. Patrimônio Cultural. Disponível em: http://portal.iphan.gov.br/pagina/detalhes/218. Acesso em: 19 ago. 2023.

Nem sempre um bem relevante ao patrimônio cultural possui materialidade física. Existe o denominado patrimônio cultural imaterial. Conforme definição dada pela Convenção da Unesco para a Salvaguarda do Patrimônio Cultural Imaterial, ratificada pelo Brasil em março de 2006,[11] entende-se por "patrimônio cultural imaterial" as práticas, representações, expressões, conhecimentos e técnicas – junto com os instrumentos, objetos, artefatos e lugares culturais que lhes são associados – que as comunidades, os grupos e, em alguns casos, os indivíduos reconhecem como parte integrante de seu patrimônio cultural. Este patrimônio cultural imaterial, que se transmite de geração em geração, é constantemente recriado pelas comunidades e grupos em função de seu ambiente, de sua interação com a natureza e de sua história, gerando um sentimento de identidade e continuidade e contribuindo assim para promover o respeito à diversidade cultural e à criatividade humana.

As formas de expressão são os meios pelos quais as pessoas de determinado local exteriorizam seus costumes, seus hábitos, seus pensamentos e demais características que lhes são peculiares. Dentre as formas de expressão destacam-se a língua, a literatura, a música, a dança, as artes e o folclore. Segundo Cretella Júnior, as formas de expressão são as "projecções, no mundo, da vontade, do sentimento, da concepção do artista ou cientista".[12]

Os modos de criar, fazer e viver representam os hábitos, costumes e tradições do povo brasileiro, compreendidos tanto os povos originários (indígenas) como os estrangeiros que influenciaram e formaram a sociedade brasileira, tais como os europeus, africanos, asiáticos e outros. Conforme Celso Ribeiro Bastos, quando a Constituição Federal cita os modos de criar, fazer e viver, está se referindo à "maneira como vive o povo brasileiro, sua culinária, agricultura, crenças, costumes, hábitos e religião".[13]

As descobertas científicas e invenções também integram o patrimônio cultural. Os cientistas, pesquisadores e demais inventores fazem parte do patrimônio cultural, e os resultados de seus trabalhos devem ser preservados para conhecimento das gerações atuais e futuras bem

---

[11] Organização das Nações Unidas para a Educação, a Ciência e a Cultura. UNESCO. Convenção da Unesco para a Salvaguarda do Patrimônio Cultural Imaterial. Disponível em: https://unesdoc.unesco.org/ark:/48223/pf0000132540_por. Acesso em: 24 set. 2023.
[12] CRETELLA JÚNIOR, José. *Comentários à Constituição Brasileira de 1988*. 2. ed. Vol. VIII. Arts. 170 a 232. Rio de Janeiro: Forense Universitária, 1993, p. 4435.
[13] BASTOS, Celso Ribeiro; MARTINS, Ives Gandra. *Comentários à Constituição do Brasil*. 8. Vol: arts. 193 a 232. São Paulo: Saraiva, 1998, p. 706.

como para que se possa desenvolver a ciência a partir de tais inventos e descobertas. Por fim, as manifestações da criatividade na tecnologia também integram o patrimônio cultural.

As obras e os objetos são os resultados materializados das manifestações culturais, tais como a música, a pintura, a literatura e demais expressões da criatividade humana, como esculturas. Os objetos são as ferramentas de expressão da cultura, tais como instrumentos musicais tradicionais. Os locais onde se desenvolvem atividades culturais também merecem proteção, pois o local acaba se identificando com a manifestação cultural; assim, por exemplo, os imóveis em que se realizam cultos religiosos, como terreiros de candomblé, igrejas e templos podem ser objeto de proteção em homenagem às atividades neles desenvolvidas; da mesma forma, um imóvel onde funcione ou funcionou um teatro pode ser relevante do ponto de vista da cultura de determinado local.

Conjuntos urbanos são cidades ou bairros que se mostram como representativos de um estilo de vida ou de uma forma de arte ou arquitetura. O conceito de "conjunto urbano" não se dá pela soma de bens tombados isoladamente por razões diversas. Conforme definição do IPHAN, "conjunto pode ser formado por mais de uma poligonal de tombamento, ou por uma poligonal e edificações isoladas, desde que partilhem da mesma motivação, não configurando um tombamento isolado".[14] Assim, conjunto tombado é "a série de bens, territorialmente contínua ou descontínua, que compartilham da mesma argumentação para a proteção, argumentação esta relacionada à totalidade dos bens ou ao espaço onde estão inseridos, e não aos bens individualmente".[15] Exemplos de conjuntos urbanos tombados são as cidades de Diamantina (MG), Paraty (RJ) e Salvador (BA). No Município de São Paulo, temos alguns bairros tombados como conjuntos urbanos, como os bairros dos Jardins[16] e do Pacaembu.[17]

---

[14] INSTITUTO DO PATRIMÔNIO HISTÓRICO E ARTÍSTICO NACIONAL. IPHAN. Normatização de Cidades Históricas. http://portal.iphan.gov.br/uploads/publicacao/normati zacao_areas_tombadas_cidades_historicas_2011.pdf. Acesso em: 26 maio 2022.

[15] INSTITUTO DO PATRIMÔNIO HISTÓRICO E ARTÍSTICO NACIONAL. IPHAN. Normatização de Cidades Históricas. http://portal.iphan.gov.br/uploads/publicacao/ normatizacao_areas_tombadas_cidades_historicas_2011.pdf. Acesso em: 26 maio 2022.

[16] CONSELHO DE DEFESA DO PATRIMÔNIO HISTÓRICO, ARQUEOLÓGICO, ARTÍSTICO E TURÍSTICA DO ESTADO DE SÃO PAULO. CONDEPHAAT. *Bairro dos Jardins*. Disponível em: http://condephaat.sp.gov.br/benstombados/bairros-dos-jardins/. Acesso em: 04 set. 2023.

[17] CONSELHO DE DEFESA DO PATRIMÔNIO HISTÓRICO, ARQUEOLÓGICO, ARTÍSTICO E TURÍSTICA DO ESTADO DE SÃO PAULO. CONDEPHAAT. *Bairro*

Conforme dispõe a Lei nº 3.924/1961, art. 2º, consideram-se monumentos arqueológicos ou pré-históricos: a) as jazidas de qualquer natureza, origem ou finalidade, que representem testemunhos de cultura dos paleoameríndios do Brasil, tais como sambaquis, montes artificiais ou tesos, poços sepulcrais, jazigos, aterrados, estearias e quaisquer outras não especificadas aqui, mas de significado idêntico a juízo da autoridade competente; b) os sítios nos quais se encontram vestígios positivos de ocupação pelos paleoameríndios, tais como grutas, lapas e abrigos sob rocha; c) os sítios identificados como cemitérios, sepulturas ou locais de pouso prolongado ou de aldeamento, "estações" e "cerâmicos", nos quais se encontram vestígios humanos de interesse arqueológico ou paleontográfico; d) as inscrições rupestres ou locais, como sulcos de polimentos de utensílios e outros vestígios de atividade de paleoameríndios. Anote-se que a Constituição Federal realizou o tombamento de todos os documentos e sítios detentores de reminiscências históricas dos antigos quilombos (art. 216, §5º).

Sítio de valor ecológico, conforme leciona Cretella Júnior, "é o lugar ou espaço terrestre em que ocorre perfeita sintonia ou inter-relação entre o meio e os seres que dele fazem seu *habitat*".[18] Os sítios de valor ecológico ou ambiental seriam as áreas com interesse ambiental que podem ser objeto, entre outras medidas, do denominado "tombamento ambiental". O tombamento ambiental designa a proteção de imóveis, áreas ou bairros pelo seu valor ambiental e essa proteção incide, em geral, sobre características urbanísticas e áreas verdes, não implicando na preservação das edificações existentes. A expressão "ambiental" deve ser entendida não somente como meio ambiente, mas também como ambiência. Esta deve ser entendida como a necessária harmonia do bem tombado com os outros que lhe estão próximos.

Os sítios de valor paisagístico são "as paisagens naturais notáveis, locais dotados de particular beleza ou particularmente dotados pela natureza".[19] Os sítios de valor artístico "são espaços caracterizados por traços estéticos".[20]

---

do Pacaembu. Disponível em: http://condephaat.sp.gov.br/benstombados/bairro-do-pacaembu-2/. Acesso em: 04 set. 2023.

[18] CRETELLA JÚNIOR, José. *Comentários à Constituição Brasileira de 1988*. 2. ed. Vol. VIII. Arts. 170 a 232. Rio de Janeiro: Forense Universitária, 1993, p. 4437.

[19] CRETELLA JÚNIOR, José. *Comentários à Constituição Brasileira de 1988*. 2. ed. Vol. VIII. Arts. 170 a 232. Rio de Janeiro: Forense Universitária, 1993, p. 4437.

[20] CRETELLA JÚNIOR, José. *Comentários à Constituição Brasileira de 1988*. 2. ed. Vol. VIII. Arts. 170 a 232. Rio de Janeiro: Forense Universitária, 1993, p. 4437.

O sítio de valor paleontológico, por sua vez, "é o lugar onde existem *fósseis*, isto é, restos, ou impressões calcadas em pedra, de seres, plantas ou animais, que viveram em épocas pré-históricas, ou geológicas".[21]

Por sua vez, o sítio de valor científico é o lugar onde as instalações nele existentes revelam o grau de desenvolvimento da ciência produzida no Brasil, devendo ser preservado em função da difusão do conhecimento científico e dos cientistas.

A cultura deve ser fomentada mediante programas de difusão do conhecimento, por meio de cursos, eventos e demais atos estatais que possam reforçar, na memória das gerações atuais e futuras, os valores culturais do povo brasileiro. Conforme assevera Celso Ribeiro Bastos, "o Estado deve realizar programas que visem à proteção e à difusão do patrimônio cultural brasileiro".[22]

A Emenda Constitucional nº 48, de 2005, previu que a lei estabelecerá o Plano Nacional de Cultura, de duração plurianual, visando ao desenvolvimento cultural do País e à integração das ações do poder público que conduzem à: i) defesa e valorização do patrimônio cultural brasileiro; ii) produção, promoção e difusão de bens culturais; iii) formação de pessoal qualificado para a gestão da cultura em suas múltiplas dimensões; iv) democratização do acesso aos bens de cultura; v) valorização da diversidade étnica e regional. O Plano Nacional de Cultura – PNC foi instituído pela Lei nº 12.343/2010.

Por sua vez, a Emenda Constitucional nº 71, de 2012, acrescentou o art. 216-A na Constituição Federal, prevendo o Sistema Nacional de Cultura, organizado em regime de colaboração, de forma descentralizada e participativa, instituindo um processo de gestão e promoção conjunta de políticas públicas de cultura, democráticas e permanentes, pactuadas entre os entes da Federação e a sociedade, tendo por objetivo promover o desenvolvimento humano, social e econômico com pleno exercício dos direitos culturais. O marco regulatório do Sistema Nacional de Cultura é a Lei nº 14.835/2024.

---

[21] CRETELLA JÚNIOR, José. *Comentários à Constituição Brasileira de 1988*. 2. ed. Vol. VIII. Arts. 170 a 232. Rio de Janeiro: Forense Universitária, 1993, p. 4437.

[22] BASTOS, Celso Ribeiro; MARTINS, Ives Gandra. *Comentários à Constituição do Brasil*. Vol. VIII: arts. 193 a 232. São Paulo: Saraiva, 1998, p. 702.

1.4 Outros instrumentos de proteção do patrimônio cultural: inventários, registros, vigilância e desapropriação

Anote-se que existem outros instrumentos, além do tombamento, para a defesa do patrimônio cultural, quais sejam, inventários, registros, vigilância e desapropriação, bem como outras formas de acautelamento e preservação, conforme previsão do art. 216, §1º da Constituição Federal.

A definição do instrumento a ser utilizado para a defesa do patrimônio cultural deve ser adotada no caso concreto, guiada pelo princípio da razoabilidade, proporcionalidade e adequação. Deve-se, preferencialmente, adotar os meios menos gravosos à propriedade, tais como os inventários e registros. Se ineficazes, estes, para a proteção do patrimônio cultural, deve-se optar pelo tombamento. Se este também se mostrar ineficaz à proteção do bem tombado, deve ser utilizada a desapropriação.

A adequação é a compatibilidade do instrumento de proteção com a natureza do bem protegido. O tombamento e a desapropriação não são compatíveis com a natureza dos bens imateriais.[23] Os instrumentos adequados para a proteção do patrimônio cultural imaterial são o registro e o inventário. Para os bens materiais móveis, o tombamento não parece ser uma medida adequada, tendo em vista as dificuldades de fiscalização do uso e deslocamento dos referidos bens, razão pela qual a desapropriação seria um modo mais eficiente de proteção. Para os bens imóveis, o tombamento e a desapropriação se mostram os meios de proteção mais adequados.

Os inventários e registros são os instrumentos de menor intervenção nos bens culturais, pois se destinam à identificação, listagem e catalogação dos bens que fazem parte do patrimônio cultural e se destinam aos bens culturais imateriais, bem como aos bens materiais móveis. O tombamento impõe restrições maiores ao proprietário, pois o impede de destruir ou alterar as características do bem protegido, bem como impõe a ele o dever de conservação e restauração; ademais, o tombamento poderá constituir obrigações a terceiros não proprietários

---

[23] Entretanto, a tombamento de bens imateriais já ocorreu. Nesse sentido: Condepav tomba capoeira como patrimônio cultural imaterial. 25 jul. 2018. Disponível em: https://www.valinhos.sp.gov.br/portal/noticias/0/3/42546/condepav-tomba-capoeira-como-patrimonio-cultural-imaterial/. Acesso em: 24 set. 2023.

do bem tombado, em razão da determinação de área envoltória; os bens imóveis são os que devem ser objeto de tombamento. A desapropriação, por fim, representa o grau máximo de intervenção para a preservação do patrimônio cultural, resultando em supressão da propriedade e transferência desta para o Poder Público mediante o pagamento de indenização, podendo ser utilizada para a preservação de bens materiais, móveis e imóveis.

1.4.1 Inventários e registros

Inventariar tem o significado de arrolar, descrever, detalhar, catalogar e sistematizar os dados cadastrados. Os inventários são instrumentos de preservação que buscam identificar as diversas manifestações culturais e bens de interesse cultural materiais e imateriais. O inventário deve ser utilizado para bens materiais móveis e imateriais. Para bens imóveis, os instrumentos mais adequados de proteção são o tombamento e a desapropriação. O principal objetivo do inventário é formar um banco de dados que possibilite a valorização e salvaguarda, planejamento e pesquisa, conhecimento de potencialidades e educação patrimonial.[24]

O registro é um instrumento legal de preservação, reconhecimento e valorização do patrimônio imaterial do Brasil, composto por bens que contribuíram para a formação da sociedade brasileira. Aqui deve-se ressaltar a diferença entre o inventário e o registro. Aquele é anterior a este. Após inventariar, deve-se registrar. O registro é o ato final do procedimento de inventário, consistindo na anotação, em livro próprio, do bem de interesse cultural, descrevendo a sua relevância e as medidas de proteção recomendadas.

Em 4 de agosto de 2000, no âmbito federal, foi publicado o Decreto nº 3.551, que instituiu o Registro de Bens Culturais de Natureza Imaterial e definiu um programa voltado especialmente para esses patrimônios. A referida norma prevê a existência de 4 (quatro) livros: i) Livro de Registro dos Saberes, onde serão inscritos conhecimentos e modos de fazer enraizados no cotidiano das comunidades; ii) Livro de Registro das Celebrações, onde serão inscritos rituais e festas que marcam a vivência coletiva do trabalho, da religiosidade, do

---

[24] INSTITUTO DO PATRIMÔNIO HISTÓRICO E ARTÍSTICO NACIONAL. IPHAN. Inventários de bens culturais. Disponível em: http://portal.iphan.gov.br/pagina/detalhes/421. Acesso em: 30 ago. 2023.

entretenimento e de outras práticas da vida social; iii) Livro de Registro das Formas de Expressão, onde serão inscritas manifestações literárias, musicais, plásticas, cênicas e lúdicas e; iv) Livro de Registro dos Lugares, onde serão inscritos mercados, feiras, santuários, praças e demais espaços onde se concentram e reproduzem práticas culturais coletivas.

No Estado de São Paulo, o Decreto nº 57.439/2011 disciplina o registro de bens culturais de natureza imaterial que constituem o patrimônio cultural do Estado de São Paulo.

O inventário e o registro são de extrema relevância para a proteção do patrimônio cultural. Apenas conhecendo o acervo dos bens culturais que merecem proteção poderá o ente público adotar as medidas necessárias para tanto. Nesse sentido, Cretella Júnior afirma que "cadastrando, ou seja, inventariando e registrando os bens constitutivos do patrimônio cultural brasileiro, o Estado, num primeiro momento, sabe quais são esses objetos, onde se encontram e a que perigos se expõem".[25]

Anote-se que, ao contrário do que se possa parecer, os inventários e registros são extremamente importantes para a preservação do patrimônio cultural. Por meio destes, o bem relevante ao patrimônio cultural já adquire especial proteção. Por exemplo, no âmbito penal, a Lei nº 9.605/1998 dispõe que:

> Art. 62. Destruir, inutilizar ou deteriorar:
>
> I – *bem especialmente protegido por lei*, ato administrativo ou decisão judicial (Grifo nosso);
>
> II – arquivo, registro, museu, biblioteca, pinacoteca, instalação científica ou similar protegido por lei, ato administrativo ou decisão judicial:
>
> Pena – reclusão, de um a três anos, e multa.
>
> Parágrafo único. Se o crime for culposo, a pena é de seis meses a um ano de detenção, sem prejuízo da multa.
>
> Art. 63. Alterar o aspecto ou estrutura de edificação ou local *especialmente protegido* por lei, ato administrativo ou decisão judicial, em razão de seu valor paisagístico, ecológico, turístico, artístico, histórico, cultural, religioso, arqueológico, etnográfico ou monumental, sem autorização da autoridade competente ou em desacordo com a concedida (Grifo nosso):
>
> Pena – reclusão, de um a três anos, e multa.

---

[25] CRETELLA JÚNIOR, José. *Comentários à Constituição Brasileira de 1988*. 2. ed. Vol. VIII. Arts. 170 a 232. Rio de Janeiro: Forense Universitária, 1993, p. 4438.

Para a incidência dos tipos penais acima transcritos, não se faz necessário o tombamento, enquadrando-se os inventários e registros como hábeis a tornar um bem especialmente protegido para os fins da norma penal acima colacionada. Conforme leciona Nicolao Dino de Castro e Costa Neto, ao comentar os artigos 62 e 63 da Lei nº 9.605/1998, "a inexigibilidade do tombamento está em consonância com o disposto no art. 216, §1º, da Constituição Federal, segundo o qual a proteção do patrimônio cultural brasileiro dar-se-á por meio de inventários, registros, vigilância, tombamento e desapropriação, além de outras formas de acautelamento e de preservação".[26] Assim, o inventário e o registro já ocasionam a proteção penal dos bens de valor cultural.

Também, o inventário e o registro impõem limitações ao proprietário do bem que podem fundamentar sua condenação em razão dos danos causados ao patrimônio cultural, conforme decidiu o Superior Tribunal de Justiça:

> (...) O tombamento constitui apenas um entre vários institutos de proteção de bens de valor histórico e artístico, sendo um deles o inventário, que, isoladamente, já assegura proteção legal. *Uma vez inventariado, o bem deve ser salvaguardado pelo Estado, pelo proprietário e pela sociedade em geral.* Por outro lado, a notificação, que deflagra o tombamento provisório, impõe ao proprietário dever de abstenção absoluta de realizar qualquer intervenção no bem sem expressa, inequívoca e válida autorização da autoridade competente (...) 3. Da leitura do acórdão recorrido depreende-se que a questão relativa à possibilidade de inventário criar limitação administrativa foi decidida com fundamento no art. 216, §1º, da Carta Magna (...).[27]

Dessa forma, os registros e inventários já proporcionam proteção ao bem de interesse cultural, podendo fundamentar a responsabilização civil e penal de quem o destruir ou danificar, sendo os instrumentos de proteção adequados aos bens imateriais e bens materiais móveis. O tombamento e a desapropriação, por serem mais gravosos, devem ser adotados para os bens em que se mostrem compatíveis com a medida, bem como mediante um prévio juízo de razoabilidade e proporcionalidade.

---

[26] COSTA NETO, Nicolao Dino de Castro e. Crimes contra o patrimônio urbano e o patrimônio cultural – alguns aspectos. *Boletim Científico da Escola Superior do Ministério Público da União*, n. 9, p. 161-168 – out./dez. 2003.

[27] SUPERIOR TRIBUNAL DE JUSTIÇA – Resp n. 1.547.058/MG, relator Ministro Herman Benjamin, Segunda Turma, julgado em 6/12/2016, DJe de 26/8/2020 (Grifo nosso).

1.4.2 Vigilância

A vigilância é o poder de polícia atribuído aos órgãos de proteção ao patrimônio cultural em relação aos bens protegidos. Conforme lição de Odete Medauar, "poder de polícia é a atividade da Administração que impõe limites ao exercício de direitos e liberdades".[28] Segundo Cretella Júnior, "o poder de polícia do Estado, nas quatro esferas, incide sobre todos os bens constitutivos do patrimônio cultural brasileiro, de natureza material e imaterial, velando para sua conservação e, em alguns casos, zelando para que não ocorra evasão de obras de arte do País".[29]

Em razão da competência comum em relação à defesa do patrimônio cultural, conforme art. 23, III, da Constituição Federal, todo bem de valor cultural pode ser objeto de vigilância por todos os entes federativos, por meio de seus órgãos de proteção. Um bem especialmente protegido pela União pode ser objeto de vigilância pelo Estado e Município onde estiver situado. Um bem especialmente protegido pelo Estado pode ser objeto de vigilância pela União e Municípios. Por fim, um bem especialmente protegido pelo Município pode ser objeto de vigilância pela União e pelo Estado.

Anote-se que, em razão da proximidade com o local dos bens protegidos, o Município seria o ente federativo mais efetivo na proteção ao patrimônio cultural. Todos os bens protegidos, seja pela União, seja pelo Estado, estão dentro do território de um Município. Deveria a União e os Estados, por meio de convênios, proporcionar aos Municípios meios materiais e financeiros para uma adequada vigilância dos bens tombados.

1.4.3 Desapropriação como instrumento de proteção do patrimônio cultural

Conforme conceituamos em outra obra de nossa autoria, "desapropriação é o procedimento pelo qual o Poder Público, ou o particular legitimado por lei ou por contrato administrativo celebrado com o Poder Público, retira compulsoriamente a propriedade de alguém, com

---

[28] MEDAUAR, Odete. *Direito administrativo moderno*. 16. ed. São Paulo: Revista dos Tribunais, 2012, p. 366.
[29] CRETELLA JÚNIOR, José. *Comentários à Constituição Brasileira de 1988*. 2. ed. Vol. VIII. Arts. 170 a 232. Rio de Janeiro: Forense Universitária, 1993, p. 4439.

fundamento na existência de necessidade pública, utilidade pública ou interesse social, mediante o pagamento de justa e prévia indenização".[30] O uso da desapropriação como instrumento de proteção do patrimônio cultural deve ser subsidiário e última opção, tendo em vista a existência de outros meios de proteção menos gravoso, tais como o inventário, o registro e o tombamento.

Pretende-se, neste item, esclarecer quando é necessária a utilização da desapropriação no lugar do tombamento, bem como os casos em que este se mostra a medida mais adequada. Trata-se de assunto de grande interesse prático, tendo em vista que a desapropriação ocasiona a perda da propriedade pelo particular, bem como resulta em gastos de recursos orçamentários dos entes públicos, em razão do dever de realizar o pagamento da justa e prévia indenização em dinheiro (Constituição Federal no art. 5º, XXIV).

Anote-se que existe o entendimento manifestado pelo Supremo Tribunal Federal que, interpretando o art. 215, §1º, c/c o art. 1º do Decreto-Lei nº 25/1937, concluiu pela existência de um conceito amplo e um restrito de patrimônio histórico e artístico. O conceito estrito de patrimônio histórico e artístico, à luz do art. 1º do Decreto-Lei nº 25/1937, abrangeria, segundo decidiu o Supremo Tribunal Federal, *"somente os bens vinculados a fato memorável da história pátria ou de excepcional valor artístico"*. Dessa forma, somente estes poderiam ser objeto de tombamento. Os demais bens, mesmo que relevantes do ponto de vista cultural, seriam denominados patrimônio cultural e artístico em sentido amplo, devendo ser desapropriados, caso exista interesse público em sua preservação, na forma do art. 5º, *k*, do Decreto-Lei nº 25/1937:

> EMENTA: Tombamento. PAR. 1. DO ARTIGO 216 da Constituição Federal. – A única questão constitucional invocada no recurso extraordinário que foi prequestionada foi a relativa ao par. 1. do artigo 216 da Carta Magna. As demais faltam o requisito do prequestionamento (sumulas 282 e 356). – No tocante ao par.1. do art. 216 da Constituição Federal, não ofende esse dispositivo constitucional a afirmação constante do acórdão recorrido no sentido de que há um conceito amplo e um conceito restrito de patrimônio histórico e artístico, cabendo a legislação infraconstitucional adotar um desses dois conceitos para determinar que sua proteção se fara por tombamento ou por desapropriação, sendo que, tendo a legislação vigente sobre tombamento adotado a conceituação

---

[30] NAKAMURA, André Luiz dos Santos. *Desapropriação: comentários ao Decreto-Lei nº 3.365/1941*. Belo Horizonte: Fórum, 2021, p. 25.

mais restrita, ficou, pois, a proteção dos bens, que integram o conceito mais amplo, no âmbito da desapropriação. Recurso extraordinário não conhecido.[31]

Contudo, a interpretação acima, do Supremo Tribunal Federal, não se coaduna com a atual disciplina constitucional da proteção ao patrimônio cultural. Não há qualquer previsão no texto constitucional que restrinja o uso do instituto do tombamento aos bens ligados a *fato memorável da história pátria ou de excepcional valor artístico*. Todo bem cuja preservação se mostre necessária à preservação do patrimônio cultural poderá ser preservado pelo instrumento do tombamento, desde que este seja o instrumento de preservação mais adequado.

O critério de escolha entre o uso do tombamento e da desapropriação deve ser feito no caso concreto, tendo em vista a situação do proprietário do bem protegido e as características deste. Para os bens móveis, tendo em vista a grande facilidade com que podem ser extraviados, a desapropriação pode se mostrar o meio mais eficiente de proteção. Para os bens imóveis, preferencialmente, deve-se utilizar o tombamento.

Haverá casos em que a proteção do patrimônio histórico e cultural somente se mostrará eficaz com a retirada de todos os poderes inerentes à propriedade. Neste caso, caberá sempre indenização ao proprietário do bem protegido em razão do seu interesse cultural, devendo o ente público desapropriar o bem, e não o tombar. Conforme lição de José Roberto Pimenta Oliveira, "constatada hipótese de inviabilização do uso funcional do bem, por força do tombamento, em razão das circunstâncias fáticas e jurídicas do bem tombado, o processo de tombamento deve ser convertido em processo administrativo de desapropriação, seguindo o trâmite da Lei Geral de Desapropriações".[32] No mesmo sentido, Maria Sylvia Zanella Di Pietro ensina que:

> Se para proteger o bem, o Poder Público tiver que impor restrição total, de modo que impeça o proprietário do exercício de todos os poderes inerentes ao domínio, deverá desapropriar o bem e não

---

[31] SUPREMO TRIBUNAL FEDERAL – RE 182782, Relator(a): MOREIRA ALVES, Primeira Turma, julgado em 14.11.1995, DJ 09-02-1996 PP-02092 EMENT VOL-01815-08 PP-01489.

[32] OLIVEIRA, José Roberto Pimenta. Atividade administrativa de ordenação da propriedade privada e tombamento: natureza jurídica e indenizabilidade. *In:* PIRES, Luís Manuel Fonseca; ZOCKUN, Maurício. *Intervenções do Estado*. São Paulo: Quartier Latin, 2008, p. 208-225.

efetuar o tombamento, uma vez que as restrições possíveis, nesta última medida, são apenas as que constam da lei, nela não havendo a previsão de qualquer imposição que restrinja integralmente o direito de propriedade.[33]

Outro critério que deve ser utilizado é o custo da preservação. Se este for muito alto e inviável para o proprietário privado, não ocorrendo o custeio pelo Poder Público, deve haver a desapropriação, conforme resulta do art. 19 do Decreto-Lei nº 25/1937. Nesse sentido, Celso Ribeiro Bastos conclui que "a desapropriação por tombamento ocorre quando a coisa a ser tombada é dotada de um valor comercial alto, ou melhor, quando as condições para preservação da coisa acarretem despesas extraordinárias para o proprietário".[34]

Dessa forma, o uso da desapropriação como instrumento de preservação do patrimônio cultural é subsidiário ao tombamento. A desapropriação deverá ser utilizada apenas nos casos em que houver necessidade de esvaziamento de todos os poderes inerentes ao domínio para a preservação do bem, ou os custos de manutenção deste exigirem do proprietário um sacrifício que não seria razoável exigir. Nesses casos, deverá o proprietário ser desapropriado, mediante o recebimento de justa e prévia indenização em dinheiro, devendo o bem tombado ser afetado a uma finalidade de interesse público, preferencialmente cultural.

1.4.4 Outras formas de acautelamento e preservação

O §1º, *in fine*, do art. 216 da Constituição Federal, prevê o uso de outras formas de acautelamento e preservação. A primeira conclusão que se retira do dispositivo constitucional em comento é que os meios de preservação do patrimônio cultural previstos no art. 216, §1º, são meramente exemplificativos, podendo haver o uso de outras formas de acautelamento e preservação. Dessa forma, outros instrumentos que não apresentem as características do inventário, registro, tombamento e desapropriação podem ser utilizados para a proteção do patrimônio cultural.

---

[33] DI PIETRO, Maria Sylvia Zanella. *Direito administrativo*. 28. ed. São Paulo: Atlas, 2015, p. 181.
[34] BASTOS, Celso Ribeiro; MARTINS, Ives Gandra. *Comentários à Constituição do Brasil*. Vol. VIII: arts. 193 a 232. São Paulo: Saraiva, 1998, p. 718.

A primeira indagação que surge do dispositivo é se ele seria autoaplicável ou dependeria de edição de lei que previsse outros instrumentos de proteção. Tendo em vista que a preservação do patrimônio cultural é um direito fundamental, com fundamento na regra do art. 5º, §1º, pode-se afirmar que seria desnecessário que a lei ordinária disciplinasse as outras formas de proteção ao patrimônio cultural. Entretanto, a disciplina por meio de lei das outras formas de preservação do patrimônio cultural poderia fomentar a melhor proteção deste.

Segundo Francisco Humberto Cunha Fillho e Vitor Melo Studart,[35] "as outras formas de acautelamento e preservação do patrimônio cultural brasileiro referidas na vigente Constituição Brasileira englobam não apenas ações normativas e de suas cercanias imediatas, mas extrapolam essa dimensão, contemplando políticas públicas, gestão, educação ao patrimônio cultural e as mais distintas ações de cidadania". Dessa forma, ainda segundo os referidos autores, o conceito de "outras formas de acautelamento e preservação" é bastante amplo, chegando próximo – mas não atingindo – às raias do indeterminado, o que possibilita a criação de novos instrumentos quando necessário à observância da dinâmica de existência da cultura e dos bens que a compõem".

No caso concreto, o órgão de preservação, em razão da inadequação do uso do inventário, do registro, do tombamento e da desapropriação, poderá determinar um ato ou conjunto de atos tendentes a preservar o patrimônio cultural. Por exemplo, ocorrendo a ruína de um bem tombado, poderiam seus escombros serem recolhidos e expostos em um museu ou outro lugar dedicado à divulgação da cultura.

Os outros instrumentos de preservação poderiam ser contratuais. Por exemplo, poderia o Poder Público realizar um grande programa de concessões de bens públicos tombados que necessitam de reformas e restauração, transferindo o seu uso para a iniciativa privada de forma temporária. Os privados que recebessem tais bens teriam o dever de realizar as restaurações e reformas, de acordo com as diretrizes dos órgãos de preservação, podendo, em contrapartida, utilizarem tais bens para atividades de seu interesse, pelo tempo necessário para amortizar os investimentos realizados.

---

[35] FILLHO, Francisco Humberto Cunha; STUDART, Vitor Melo. As "outras formas de acautelamento e preservação" do patrimônio cultural brasileiro. *Revista de Direito da Cidade*, v. 9, n. 2, p. 366–388, 2017.

Para os bens privados tombados, as outras formas de acautelamento e preservação poderiam ser realizadas mediante incentivos aos proprietários de bens tombados. Apesar de, em tese, ser possível que o tombamento não ocasione qualquer prejuízo ao proprietário do bem objeto de proteção especial, em regra, isso de fato ocorre. Anote-se que o tombamento é instituído em prol da coletividade, para preservar os direitos culturais. Entretanto, o custo da manutenção do imóvel e de sua preservação recaem somente sobre o proprietário. Conforme lição de Antônio A. Queiroz Telles, "se por um lado, a comunidade é beneficiada, pela preservação do bem tombado, certamente, por outro que o particular deverá arcar sozinho, com os custos daí decorrentes, ainda que lhe assista o direito de pleitear, em juízo, a reparação de seus prejuízos".[36]

Uma forma de compensar as despesas resultantes do tombamento seria a instituição, por meio de lei, de incentivos aos proprietários de imóveis tombados. Nesse sentido, Antônio A. Queiroz Telles assevera que "há que se repartir entre as partes esses ônus, devendo o Poder Público conceder aos particulares certos privilégios, destinados a compensar os seus reais prejuízos".[37] Uma forma seria a isenção de tributos que incidam sobre o bem tombado. Alguns municípios já preveem tal isenção. Entretanto, tal isenção poderia ser prevista na Constituição, por meio de emenda constitucional, aplicável a todos os bens tombados no território nacional.

Outra forma de incentivo aos proprietários dos imóveis tombados seria a concessão de incentivo fiscal para todos aqueles que patrocinassem a recuperação de bens tombados, por meio de reformas e restaurações. Tal expediente poderia fomentar o investimento privado em bens integrantes do patrimônio cultural. O Poder Público, em regra, não possui recursos orçamentários para cumprir o dever constante do art. 19 do Decreto-Lei nº 25/1937. Também, seria recomendável que o incentivo em razão do investimento na recuperação ou conservação de bens tombados fosse previsto na Constituição Federal.

A Lei nº 12.343/2010 prevê que compete ao Poder Público (art. 3º, III) fomentar a cultura de forma ampla, por meio da promoção e difusão, da realização de editais e seleções públicas para o estímulo

---

[36] TELLES, Antônio A. Queiroz. *Tombamento e seu regime jurídico*. São Paulo: Revista dos Tribunais, 1992, p. 98.
[37] TELLES, Antônio A. Queiroz. *Tombamento e seu regime jurídico*. São Paulo: Revista dos Tribunais, 1992, p. 100

a projetos e processos culturais, da concessão de apoio financeiro e fiscal aos agentes culturais, da adoção de subsídios econômicos, da implantação regulada de fundos públicos e privados, entre outros incentivos. O art. 5º da Lei nº 12.343/2010 prevê o Fundo Nacional de Cultura – FNC como o principal mecanismo de fomento às políticas culturais. O Fundo Nacional de Cultura poderá alocar recursos públicos federais destinados às ações culturais nos Estados, no Distrito Federal e nos Municípios que aderirem às diretrizes e metas do Plano Nacional de Cultura (arts. 4º e 6º da Lei nº 12.343/2010.

Conforme dispõe a Lei nº 8.313/1991, o Fundo Nacional de Cultura – FNC é um fundo de natureza contábil, com prazo indeterminado de duração, que funcionará sob as formas de apoio a fundo perdido ou de empréstimos reembolsáveis, constituído por recursos do Tesouro Nacional, doações e outros recursos previstos no art. 5º da referida lei. As pessoas físicas ou jurídicas poderão optar pela aplicação de parcelas do Imposto sobre a Renda, a título de doações ou patrocínios, tanto no apoio direto a projetos culturais apresentados por pessoas físicas ou por pessoas jurídicas de natureza cultural, como através de contribuições ao FNC. Equiparam-se a doações as despesas efetuadas por pessoas físicas ou jurídicas com o objetivo de conservar, preservar ou restaurar bens de sua propriedade ou sob sua posse legítima, tombados pelo Governo Federal.

Uma das formas de aplicar os recursos do Fundo Nacional de cultura é por meio do Programa Nacional de Apoio à Cultura – PRONAC, criado pela Lei nº 8.313/1991. O PRONAC poderá destinar recursos para preservação e difusão do patrimônio artístico, cultural e histórico, mediante conservação e restauração de prédios, monumentos, logradouros, sítios e demais espaços, inclusive naturais, tombados pelos Poderes Públicos (art. 3º, III, "b").

1.5 Objeto do tombamento

A princípio, todos os bens poderiam ser objeto de tombamentos. A doutrina ensina que "o tombamento pode recair sobre quaisquer bens que reúnam as características de patrimônio cultural: bens materiais ou imateriais, móveis ou imóveis, públicos ou privados, singulares ou coletivos".[38] Anote-se, entretanto, que para os bens imateriais o

---

[38] FERRAZ, Luciano. *In:* DI PIETRO, Maria Sylvia Zanella (coord.). *Tratado de direito administrativo.* Tomo 3. Direito administrativo dos bens e restrições estatais à propriedade. São Paulo: Revista dos Tribunais, 2014, p. 407.

tombamento não é uma medida adequada, devendo ser utilizados os inventários e registros. O bem imaterial não irá ser objeto de intervenções, reformas e nem corre o risco de ser objeto de deterioração, abandono ou extravio. Dessa forma, não é adequado o tombamento de bens imateriais, devendo ocorrer sua preservação mediante inventários e registros.

O uso que é feito de determinado imóvel ou atividade nele desenvolvida não pode ser objeto de tombamento. Se um determinado imóvel é utilizado para uma certa atividade, mesmo que relevante do ponto de vista da cultura local, não pode tal atividade ser objeto de tombamento no local em que é ou foi realizada. A prática de determinada atividade é um bem imaterial. Somente bens materiais podem ser tombados. Bens imateriais devem ser objeto do inventário e do registro, nunca do tombamento.

O tombamento de atividades desenvolvidas em determinado local pode inviabilizar o uso da propriedade privada, resultando em medida expropriatória. Por exemplo, um imóvel ocupado por um tradicional cinema, se tombada a atividade de exibição de filmes ali executada, resultaria em impedimento ao uso do imóvel para outra atividade. Se o cinema for de um locatário, o tombamento resultaria na impossibilidade de despejo por parte do locador, mesmo em caso de inadimplemento dos aluguéis, pois isso resultaria no fim da atividade do cinema. O resultado seria o ente público que realizou o tombamento pagar o valor dos alugueis do imóvel ou desapropriar a área para que o cinema pudesse continuar sua atividade, resultando no uso de recursos públicos para financiar uma atividade privada empresarial, em notória ofensa ao princípio da justa distribuição dos recursos públicos. Nesse sentido, o Supremo Tribunal Federal impediu o tombamento dos denominados Cines Pathé e Brasil, decidindo que:

> EMENTA: Tombamento de bem imóvel para limitar sua destinação a atividades artístico-culturais. Preservação a ser atendida por meio de desapropriação. Não pelo emprego da modalidade do chamado tombamento de uso. Recurso da Municipalidade do qual não se conhece, porquanto não configurada a alegada contrariedade, pelo acórdão recorrido, do disposto no art. 216, §1º, da Constituição.[39]

---

[39] RE 219292, Relator(a): OCTAVIO GALLOTTI, Primeira Turma, julgado em 07.12.1999, DJ 23-06-2000 PP-00031 EMENT VOL-01996-01 PP-00118.

Para os bens móveis, em razão da possibilidade de deslocamentos e extravios, a desapropriação pode se mostrar a forma mais eficiente de proteção. O tombamento não irá impedir o deslocamento do bem, sua perda e mesmo o extravio dele para outro País. Dessa forma, em relação a um bem móvel, havendo interesse em sua preservação, dever-se-ia desapropriá-lo e colocá-lo em algum local de proteção, como um museu.

A propriedade dos bens tombados pode ser particular ou pública. Quando os bens tombados forem privados, o tombamento mantém a propriedade privada, mas com limitações. Essas decorrem da função sociocultural da propriedade privada, previstas nos arts. 5º, XXIII, e 170, III, da Constituição Federal e art. 1.228, §1º, do Código Civil, e, em regra, não geram o dever de indenizar o proprietário do bem tombado.

1.5.1 Tombamento de bens públicos

Bens públicos são os bens afetados a um serviço público ou de utilidade pública. Conforme definimos em outra obra de nossa autoria, "os bens públicos não são somente os bens de propriedade pública, mas todos, independentemente de sua propriedade civil, afetados a um serviço público ou de interesse público".[40] Tal como os bens privados, os bens públicos também podem ser tombados. Conforme lição de Maria Sylvia Zanella Di Pietro, "quando incide sobre bens públicos, tem-se o tombamento de ofício, previsto no artigo 5º, que se processa mediante simples notificação à entidade a quem pertencer (União, Estado ou Município) ou sob solo cuja guarda estiver a coisa tombada; com a notificação, a medida começa a produzir efeitos".[41] Entretanto, caso se trate de bem de outro ente da federação, deve existir o contraditório e ampla defesa, conforme já decidiu o Supremo Tribunal Federal:

> EMENTA: AGRAVO REGIMENTAL NOS EMBARGOS DE DECLARAÇÃO NA AÇÃO CÍVEL ORIGINÁRIA. TOMBAMENTO DE BEM PÚBLICO DA UNIÃO PELO ESTADO DO RIO DE JANEIRO: AEROPORTO SANTOS DUMONT. VÍCIO NO PROCESSO ADMINISTRATIVO: AUSÊNCIA DE NOTIFICAÇÃO DO ENTE FEDERADO PROPRIETÁRIO DO IMÓVEL. OFENSA AO CONTRADITÓRIO E AO DEVIDO PROCESSO LEGAL.

---

[40] NAKAMURA, André Luíz dos Santos. *Bens públicos*. Belo Horizonte: Fórum, 2022, p. 28.
[41] DI PIETRO, Maria Sylvia Zanella. *Direito administrativo*. 28. ed. São Paulo: Atlas, 2015, p. 182.

PROCEDÊNCIA DA AÇÃO. ANULAÇÃO DO PROCESSO DE TOMBAMENTO. RECURSO DA UNIÃO: ALEGADA VEDAÇÃO DE TOMBAMENTO NA ESPÉCIE. INOCORRÊNCIA DE PRECLUSÃO LÓGICA E TEMPORAL. PRINCÍPIO DA CORRELAÇÃO ENTRE PEDIDO E SENTENÇA: ATENDIMENTO. FALTA DE INTERESSE RECURSAL. TOMBAMENTO DE BEM DA UNIÃO POR ESTADO-MEMBRO: POSSIBILIDADE. PRECEDENTES. AGRAVO REGIMENTAL AO QUAL SE NEGA PROVIMENTO.[42]

Conforme dispõe o art. 2º, §2º, do Decreto-Lei nº 3.365/1941, será exigida autorização legislativa para a desapropriação dos bens de domínio dos Estados, dos Municípios e do Distrito Federal pela União e dos bens de domínio dos Municípios pelos Estados. Dessa forma, a legislação impede a desapropriação de bens dos Estados pelos Município, bem como de bens da União pelos Estados e Municípios. Permite-se a desapropriação de bens de Municípios pelos Estados e União, desde que mediante prévia autorização legislativa. Em razão da norma acima, José dos Santos Carvalho Filho assevera que "parece-nos não possam as entidades menores instituir, *manu militari*, tombamento sobre os bens estaduais e federais, bem os Estados sobre bens da União".[43] Entretanto, referido entendimento não é acolhido pelo Superior Tribunal de Justiça, que expressamente afastou a aplicação do art. 2º, §2º, do Decreto-Lei nº 3.365/1941 ao tombamento, permitindo, assim, o tombamento de bem do Estado pelo Município:

ADMINISTRATIVO. TOMBAMENTO. COMPETÊNCIA MUNICIPAL.

1. A Constituição Federal de 88 outorga a todas as pessoas jurídicas de Direito Público a competência para o tombamento de bens de valor histórico e artístico nacional.

2. Tombar significa preservar, acautelar, preservar, sem que importe o ato em transferência da propriedade, como ocorre na desapropriação.

3. O Município, por competência constitucional comum, art. 23, III, deve proteger os documentos, as obras e outros bens de valor histórico, artístico e cultural, os monumentos, as paisagens naturais notáveis e os sítios arqueológicos.

---

[42] SUPREMO TRIBUNAL FEDERAL. ACO 2176 ED-AgR, Relator(a): Cármen Lúcia, Tribunal Pleno, julgado em 04.10.2019, Processo eletrônico DJe-228 DIVULG 18-10-2019 PUBLIC 21-10-2019.
[43] CARVALHO FILHO, José dos Santos. *Manual de direito administrativo*. 27. ed. São Paulo: Atlas, 2014, p. 822.

4. Como o tombamento não implica em transferência da propriedade, inexiste a limitação constante no art. 1º, §2º, do DL 3.365/1941, que proíbe o Município de desapropriar bem do Estado.
5. Recurso improvido.[44]

Da mesma forma, o Supremo Tribunal Federal entendeu possível o tombamento de bem da União por Estado:

> Agravo em ação cível originária. 2. Administrativo e Constitucional. 3. Tombamento de bem público da União por Estado. Conflito Federativo. Competência desta Corte. 4. Hierarquia verticalizada, prevista na Lei de Desapropriação (Decreto-Lei 3.365/41). Inaplicabilidade no tombamento. Regramento específico. Decreto-Lei 25/1937 (arts. 2º, 5º e 11). Interpretação histórica, teleológica, sistemática e/ou literal. Possibilidade de o Estado tombar bem da União. Doutrina. 5. Lei do Estado de Mato Grosso do Sul 1.526/1994. Devido processo legal observado. 6. Competências concorrentes material (art. 23, III e IV, c/c art. 216, §1º, da CF) e legislativa (art. 24, VII, da CF). Ausência de previsão expressa na Constituição Estadual quanto à competência legislativa. Desnecessidade. Rol exemplificativo do art. 62 da CE. Proteção do patrimônio histórico, cultural, artístico, turístico e paisagístico regional. Interesse estadual. 7. Ilegalidade. Vício de procedimento por ser implementado apenas por ato administrativo. Rejeição. Possibilidade de lei realizar tombamento de bem. Fase provisória. Efeito meramente declaratório. Necessidade de implementação de procedimentos ulteriores pelo Poder Executivo. 8. Notificação prévia. Tombamento de ofício (art. 5º do Decreto-Lei 25/1937). Cientificação do proprietário postergada para a fase definitiva. Condição de eficácia e não de validade. Doutrina. 9. Ausência de argumentos capazes de infirmar a decisão agravada. 10. Agravo desprovido. 11. Honorários advocatícios majorados para 20% do valor atualizado da causa à época de decisão recorrida (§11 do art. 85 do CPC).[45]

Anote-se que o art. 11 do Decreto-Lei nº 25/1937 dispõe que "as coisas tombadas, que pertençam à União, aos estados ou aos municípios, inalienáveis por natureza, só poderão ser transferidas de uma à outra das referidas entidades". Decorre do art. 11 do Decreto-Lei nº 25/1937

---

[44] SUPERIOR TRIBUNAL DE JUSTIÇA – RMS 18.952/RJ, Rel. Ministra ELIANA CALMON, SEGUNDA TURMA, julgado em 26/04/2005, DJ 30/05/2005, p. 266.
[45] SUPREMO TRIBUNSL FEDERAL. ACO 1208 AgR, Relator(a): GILMAR MENDES, Tribunal Pleno, julgado em 24/11/2017, ACÓRDÃO ELETRÔNICO DJe-278 DIVULG 01-12-2017 PUBLIC 04-12-2017

que os bens públicos tombados não poderiam ser objeto de alienação para particulares, permitida, contudo, a alienação para outros entes públicos.

Entretanto, ressalta-se, primeiramente, que a norma do art. 11 do Decreto-Lei nº 25/1937 não é aplicável aos Estados e aos Municípios, tendo em vista a autonomia patrimonial destes e o princípio federativo decorrente do art. 18 da Constituição Federal. A União não poderá instituir vedações à gestão patrimonial de bens públicos de outros entes federativos. Salvo vedação constante de lei do ente público, os bens deste tombados podem ser alienados para particulares, desde que atendidos os preceitos legais e constitucionais que disciplinam a alienação dos bens públicos. O adquirente do bem tombado irá adquirir, junto com a propriedade, o dever de preservação e conservação do bem relevante ao patrimônio cultural.

Ademais, mesmo a União poderá alienar bens tombados para particulares, desde que mediante prévia edição de lei que expressamente autorize a alienação do bem de propriedade da União tombado. A lei federal que autorizar a alienação do bem de propriedade da União para particulares, mesmo que tombado, afastará a vedação do art. 11 do Decreto-Lei nº 25/1937, seja por ser lei posterior, seja por ser lei especial.

Por fim, o Código de Processo Civil (Lei nº 13.105/2015), em seu art. 889, VIII, expressamente previu a possibilidade de alienação de bem público tombado, restando derrogado o art. 11 do Decreto-Lei nº 25/1937.

1.6 Fundamento jurídico do tombamento

Cretella Júnior afirma que "o fundamento jurídico do tombamento está no poder de polícia do Estado".[46] No mesmo sentido, Antônio Augusto Queiroz Telles assevera que "o *tombamento* se insere no âmbito do direito administrativo, de vez que se arrima no poder de polícia, instituto típico deste ramo jurídico".[47] Neste ponto, discordamos do entendimento dos referidos autores, tendo em vista que, na verdade, o poder de polícia será o *instrumento* (não o fundamento!) que o Poder Público irá utilizar para garantir a preservação do bem tombado, bem

---

[46] CRETELLA JÚNIOR, José. Regime jurídico do tombamento. *Revista de Direito Administrativo*, Rio de Janeiro, v. 112, p. 50-68, out. 1973.
[47] TELLES, Antônio A. Queiroz. *Tombamento e seu regime jurídico*. São Paulo: Revista dos Tribunais, 1992, p. 39.

como aplicar sanções aos proprietários que descumprirem seus deveres de conservação e preservação.

A propriedade deve atender à sua função social, conforme imperativo constitucional constante do inciso XIII do art. 5º e inciso III do art. 170 da Constituição Federal. A função social específica a ser atendida com o tombamento é a preservação do patrimônio histórico e cultural. José dos Santos Carvalho filho ensina que "o tombamento é fundado na necessidade de adequação da propriedade à correspondente função social (...) a função social, na hipótese, é estampada pela necessidade de proteção ao patrimônio cultural, histórico, artístico etc.".[48]

O fundamento jurídico do tombamento é a função social da propriedade. Trata-se de um aspecto peculiar da função social da propriedade, a denominada *função sociocultural da propriedade*. Esta é a função social da propriedade como instrumento de proteção ao patrimônio cultural brasileiro.

A Constituição Federal estabelece que a propriedade deverá cumprir sua função social (Art. 5º – XXIII). A ordem econômica, de acordo com a vigente disciplina constitucional, é fundada na valorização do trabalho humano e na livre-iniciativa, tem por fim assegurar a todos uma existência digna, conforme os ditames da justiça social, observado, dentre outros princípios, o da função social da propriedade (Art. 170 – III).

O Código Civil de 2002 expressamente previu a função sociocultural da propriedade:

> Art. 1.228 (...)
> §1º O *direito de propriedade deve ser exercido em consonância com as suas finalidades econômicas e sociais* e de modo que sejam preservados, de conformidade com o estabelecido em lei especial, a flora, a fauna, as belezas naturais, o equilíbrio ecológico e o *patrimônio histórico e artístico*, bem como evitada a poluição do ar e das águas. (Grifo nosso)

A preservação do patrimônio cultural é um direito fundamental que justifica limitações ao direito do proprietário fundado na função social da propriedade. O bem relevante ao patrimônio cultural representa um valor que transcende aos interesses do proprietário, sendo sua preservação um interesse de toda a coletividade.

---

[48] CARVALHO FILHO, José dos Santos. *Manual de direito administrativo*. 27. ed. São Paulo: Atlas, 2014, p. 816.

Por ser uma limitação decorrente da função social da propriedade, em regra, não gera o tombamento qualquer direito à indenização. Nesse sentido, o Ministro Gilmar Mendes, no julgamento da ACO nº 1208, asseverou que "a instituição do tombamento, em regra, não permite o pagamento de indenização, ante a observância do cumprimento da função sociocultural da propriedade, nos termos do §1º do art. 1228 do Código Civil".[49]

1.6.1 O patrimônio cultural como um direito fundamental

A proteção e preservação do patrimônio histórico e cultural é um dever do Estado e da coletividade, pressuposto para o exercício dos direitos culturais. Nesse sentido, dispôs o art. 4º, inciso II, da Lei nº 14.835/2024 que é dever do Estado assegurar a todos o pleno exercício dos direitos culturais, mediante proteção e salvaguarda do patrimônio cultural brasileiro. Os direitos culturais abrangem o exercício das garantias jurídicas de direito autoral, de criação, de produção, de distribuição, de difusão, de registro, de fruição e de consumo, no que couber em cada caso, de bens e serviços vinculados às linguagens artísticas, aos conhecimentos, às tradições, à história, à memória coletiva, à língua, a saberes e fazeres e ao patrimônio cultural, resguardadas a dignidade da pessoa humana e a plena liberdade de expressão da atividade intelectual e artística, observados os direitos e as garantias fundamentais expressos na Constituição Federal, conforme definição constante do inciso IV do art. 2º da Lei nº 14.835/2024.

Segundo Carlos Alberto Molinaro e Fernando Antônio de Carvalho Dantas, "a cultura e os direitos culturais são na sistemática constitucional brasileira, direitos fundamentais, individuais e sociais, nesse sentido gozam da perenidade que lhes empresta à cláusula de vedação contida no inciso III do art. 62 da CF".[50] O patrimônio cultural é um direito fundamental previsto no art. 216, §1º, da Constituição Federal. Ademais, o patrimônio cultural é um direito fundamental em razão de norma internacional incorporada ao direito positivo brasileiro. O Brasil é signatário da Convenção Relativa à Proteção do Patrimônio

---

[49] SUPREMO TRIBUNAL FEDERAL. ACO 1208 AgR, Relator(a): Gilmar Mendes, Tribunal Pleno, julgado em 24.11.2017, Acórdão Eletrônico DJe-278 DIVULG 01.12.2017 PUBLIC 04.12.2017.

[50] MOLINARO, Carlos Alberto; DANTAS, Fernando Antônio de Carvalho. In: CANOTILHO, JJ. Gomes; MENDES, Gilmar Ferreira; SARLET, Ingo Wolfgang; STRECK, Lenio Luiz. Comentários à Constituição do Brasil. São Paulo: Saraiva, 2014, p. 1982.

Mundial, Cultural e Natural, aprovada pela Conferência Geral da UNESCO, realizada em Paris, de 17 de outubro a 21 de novembro de 1972, e recepcionada entre nós pelo Decreto Legislativo 74/1977. Um tratado que envolve um direito fundamental tem *status* superior a uma mera lei, conforme decorre do art. 5º, §2º da Constituição Federal. Trata-se de norma com caráter supralegal, conforme entendimento do Supremo Tribunal Federal, "(...) o *status* normativo supralegal dos tratados internacionais de direitos humanos subscritos pelo Brasil, torna inaplicável a legislação infraconstitucional com ele conflitante, seja ela anterior ou posterior ao ato de ratificação".[51] Por sua vez, a Lei nº 14.835/2024, em seu art. 1º, §1º, expressamente declara que "a cultura, em suas dimensões simbólica, cidadã e econômica, é um direito fundamental do ser humano, e o Estado deverá prover as condições indispensáveis ao pleno exercício dos direitos culturais, podendo sua ação ser complementada ou suplementada pela atuação da iniciativa privada para essa finalidade".

A *primeira geração dos direitos fundamentais* são os direitos de defesa contra o Estado. A *segunda geração dos direitos fundamentais* seriam os direitos econômicos, sociais e culturais que exigem a atuação estatal. A *terceira geração dos direitos fundamentais* é formada pelos direitos coletivos, como a autodeterminação dos povos, o direito ao desenvolvimento, à paz e ao meio ambiente saudável. E, por fim, aparece a *quarta geração dos direitos fundamentais*, o direito à democracia fundamentado nos direitos humanos.[52] A preservação do patrimônio cultural é um direito coletivo, de terceira geração.

Segundo Marco Antônio Borges, "partindo do raciocínio de que o bem tenha valor cultural para a comunidade, os titulares deste interesse são os indivíduos que compõem a coletividade, sendo este, um interesse difuso".[53] Conforme entendeu o Supremo Tribunal Federal, "a proteção jurídica do patrimônio cultural brasileiro, enquanto direito fundamental de terceira geração, é matéria expressamente prevista no texto constitucional (art. 216 da CRFB/1988)".[54] Irene Patrícia Nohara

---

[51] SUPREMO TRIBUNAL FEDERAL. HC 95967, Relator(a): Ellen Gracie, Segunda Turma, julgado em 11.11.2008, DJe-227 DIVULG 27-11-2008 PUBLIC 28-11-2008 EMENT VOL-02343-02 PP-00407 RTJ VOL-00208-03 PP-01202.

[52] Cf. MULLER, Friedrich. *O novo paradigma do direito*. 2. ed. São Paulo: RT, 2009, p. 166

[53] BORGES, Marco Antônio. O tombamento como instrumentos jurídicos para a proteção do patrimônio cultural. *Revista Jurídica da Presidência*, v. 7, n. 73, p. 01-04, 2005.

[54] SUPREMO TRIBUNAL FEDERAL. ACO 1966 AgR, Relator(a): Luiz Fux, Tribunal Pleno, julgado em 17.11.2017, Acórdão Eletrônico DJe-268 DIVULG 24.11.2017 PUBLIC 27.11.2017.

nos ensina que "a preservação do patrimônio histórico e cultural é considerada direito de terceira geração (ou, como preferem alguns, dimensão), à medida que possui titularidade coletiva e difusa".[55]

Em razão disso, necessária a ação do Estado para impedir que o proprietário possa ocasionar uma lesão ao interesse coletivo na preservação do patrimônio histórico e cultural. José dos Santos Carvalho Filho ressalta que "o proprietário não pode, em nome de interesses egoísticos, usar e fruir livremente seus bens se estes traduzem interesse público por atrelados a fatores de ordem histórica, artística, cultural, científica, turística e paisagística".[56]

Os instrumentos processuais para a defesa do direito fundamental à proteção do patrimônio cultural são a ação popular (art. 5º, LXXIII, da Constituição Federal e Lei nº 4.717/1995) e ação civil pública (art. 129, III, da Constituição Federal e Lei nº 7.347/1985). O causador de danos a bem integrante do patrimônio cultural pode ser condenado a pagar danos morais coletivos, conforme já decidiu o Superior Tribunal de Justiça.[57]

1.7 Classificação do tombamento

Quanto aos destinatários, o tombamento pode ser individual, quando atinge um bem individualizado ou bens determinados, ou geral, nas situações em que recair sobre uma universalidade de bens indeterminados.[58] Anote-se que, conforme entendimento do Superior Tribunal de Justiça, "o ato de tombamento geral não precisa individualizar os bens abarcados pelo tombo, pois as restrições impostas pelo Decreto-Lei nº 25/1937 se estendem à totalidade dos imóveis pertencentes à área tombada".[59] No mesmo sentido, Celso Ribeiro Bastos leciona que:

---

[55] NOHARA, Irene Patrícia. *Direito administrativo*. 9. ed. São Paulo: Atlas, 2019, p. 830.
[56] CARVALHO FILHO, José dos Santos. *Manual de direito administrativo*. 27. ed. São Paulo: Atlas, 2014, p. 815.
[57] SUPERIOR TRIBUNAL DE JUSTIÇA. REsp n. 1.547.058/MG, relator Ministro Herman Benjamin, Segunda Turma, julgado em 6.12.2016, DJe de 26.8.2020
[58] FERRAZ, Luciano. In: DI PIETRO, Maria Sylvia Zanella (coord.). *Tratado de direito administrativo*. Tomo 3. Direito administrativo dos bens e restrições estatais à propriedade. São Paulo: Revista dos Tribunais, 2014, p. 408.
[59] Superior Tribunal de Justiça. *Jurisprudência em teses*. Edição nº 127. Intervenção do Estado na Propriedade Privada. Tese 1. 14/06/2019.

A declaração de tombamento pode recair sobre determinado bem ou sobre locais históricos ou paisagísticos. No primeiro caso, atinge o proprietário individualmente, restringindo seus direitos ou impondo-lhe encargos. No segundo caso atinge uma coletividade, obrigando-a a respeitar os padrões locais.[60]

Quanto ao procedimento, pode ser de ofício, voluntário ou compulsório e o decorrente de lei. O tombamento de ofício é o que recai sobre bens públicos. O tombamento voluntário ocorre nos casos em que o proprietário do bem solicita a proteção. O tombamento compulsório é aquele realizado mesmo com a oposição do proprietário, mediante processo administrativo que tenha observado o contraditório e ampla defesa. O tombamento decorrente de lei, denominado "tombamento legal", é aquele decorrente diretamente de norma jurídica, tal como o art. 216, §5º da Constituição Federal; conforme lição de Thiago Marrara,[61] "o tombamento se dá automaticamente por vontade do legislador, dispensando processos e atos administrativos". Entretanto, o tombamento realizado por lei, salvo o realizado pelo Constituinte Originário, tem limites, conforme será demonstrado no item 2.9.

Quanto à duração, o tombamento pode ser provisório ou definitivo. O tombamento provisório é, conforme entendimento do Superior Tribunal de Justiça,[62] "ato de natureza declaratória e ostenta caráter preventivo, consistindo em uma antecipação dos efeitos impostos à coisa, a fim de garantir a imediata preservação do patrimônio histórico e artístico". O tombamento definitivo é aquele declarado após o fim do processo administrativo, onde foram produzidos todos os trabalhos técnicos necessários à apuração do valor cultural do bem a ser protegido, exercido o contraditório pelo proprietário do bem tombado, bem como prolatada a decisão pela autoridade competente.

---

[60] BASTOS, Celso Ribeiro; MARTINS, Ives Gandra. *Comentários à Constituição do Brasil*. Vol. VIII: arts. 193 a 232. São Paulo: Saraiva, 1998, p. 717.
[61] MARRARA, Thiago. *Manual de direito administrativo*. Vol. II: Funções administrativas, intervenção na propriedade e bens estatais. 3. ed. Indaiatuba: Foco, p. 196. Edição Kindle.
[62] SUPERIOR TRIBUNAL DE JUSTIÇA. RMS n. 55.090/MG, relator Ministro Gurgel de Faria, Primeira Turma, julgado em 21.11.2019, DJe de 3.12.2019.

CAPÍTULO 2

O PROCESSO DO TOMBAMENTO

Tendo em vista que o tombamento ocasiona a imposição de deveres e abstenções ao proprietário do bem tombado, deve ocorrer no âmbito de um processo administrativo. No Estado democrático de direito, deve ser assegurada a participação do cidadão nas decisões estatais. Nos atos administrativos, o instrumento de legitimação da ação estatal é o processo administrativo. Sobre a função do processo administrativo como instrumento para legitimar as decisões administrativas, assim se manifesta Carmen Lúcia Antunes Rocha:[63]

> O processo administrativo democrático não é senão o encontro da segurança jurídica justa. Ele é uma das formas de concretização do princípio da legitimidade do poder, na medida em que se esclarecem e se afirmam os motivos das decisões administrativas. Tais decisões são questionadas e deslindadas no processo administrativo e, nessa sede, o poder, no exercício do qual elas foram adotadas, recebe a sua condição legítima própria. Quanto mais democrático for o processo administrativo, mais demonstrativo ele é da essência e da prática do exercício do poder em determinado Estado.

O tombamento deve ser realizado em um efetivo processo administrativo com observância de um efetivo contraditório e ampla defesa, sob pena de nulidade, conforme lição de Hely Lopes Meirelles:

---

[63] ROCHA, Carmen Lúcia Antunes. Princípios constitucionais do processo administrativo no direito brasileiro. *Revista de Informação Legislativa*. Brasília, nº 136, out./dez. 1997, p. 5-28.

Nulo será o tombamento efetivado sem atendimento das imposições legais e regulamentares, pois que, acarretando restrições ao exercício do direito de propriedade, há que observar o *devido processo legal para sua formação*, e essa nulidade pode ser pronunciada pelo Judiciário, na ação cabível, em que serão apreciadas tanto a legalidade dos motivos quanto a regularidade do procedimento administrativo em exame.[64]

Não é objetivo desta obra analisar todos os pontos relativos ao processo administrativo. Abaixo trataremos de alguns aspectos específicos do processo administrativo do tombamento.

2.1 Defesa do proprietário e possuidor do bem objeto do processo de tombamento

O proprietário do bem tombado não tem a prerrogativa de se opor ao tombamento apenas em razão de seus interesses privados. O tombamento pode resultar em diminuição do potencial construtivo de determinado imóvel, bem como redução de seu potencial de venda no mercado imobiliário. Também, o dever de manutenção de um bem tombado ou de sua restauração pode resultar em custos ao seu proprietário.

Os efeitos meramente patrimoniais que recaiam sobre o proprietário de um bem tombado não são razões que impeçam o tombamento. A função sociocultural da propriedade privada, prevista no arts. 5º, XXII, e 170, III, da Constituição Federal, bem como no §1º do art. 1.228 do Código Civil, impõe ao proprietário do bem tombado um conjunto de deveres que podem ser a ele financeiramente desvantajosos, mas que são legítimos em razão da finalidade de garantir o patrimônio cultural, de interesse de todos. O interesse público sobrepõe-se ao interesse meramente econômico do proprietário do bem tombado.

Nota-se, assim, que a defesa do proprietário do bem objeto de estudo de tombamento é muito restrita, conforme lição de Diógenes Gasparini:

> Contra o ato de tombamento pouco ou nada pode ser alegado pelo proprietário. A efetiva falta de interesse público, consubstanciado na inexistência de valor histórico, cultural, artístico, turístico ou paisagístico, a incompetência da unidade promotora do tombamento e a

---

[64] MEIRELLES, Hely Lopes. *Direito administrativo*. 35. ed. São Paulo: Malheiros, 2009, p. 583.

inobservância do devido processo administrativo de tombamento podem ser alegadas, em juízo ou administrativamente, para obstar o tombamento. De nenhuma valia é a alegação contra o tombamento do direito ao uso, gozo, disposição e destruição do bem objeto do tombamento.[65]

Poderá o proprietário alegar que o tombamento não tem justificativas técnicas, que não haveria qualquer interesse cultural no bem a ser tombado, devendo apresentar as provas do alegado. Caso seja provada, de forma inequívoca, a inexistência de interesse cultural na preservação do bem, não poderá ser realizado o tombamento. Este apenas se justifica em razão da finalidade de proteger o patrimônio cultural. O tombamento de um bem sem relevância cultural é um ato de limitação da propriedade sem o fundamento constitucional que o justificaria, podendo ser revisto pelo Poder Judiciário.

Pode também ser alegado que o devido processo legal, qual seja, os trâmites do processo administrativo não foram observados, na forma prevista em lei. Por fim, poderá ser alegado que o ente público não detém competência para o processo administrativo do tombamento.

Anote-se que não somente o proprietário do bem tombado deve ser intimado de todos os atos do processo de tombamento. Ao legítimo possuidor do imóvel, a qualquer título, também deve ser proporcionada a oportunidade de se manifestar no processo de tombamento, tendo em vista que poderá ser o verdadeiro proprietário do imóvel em razão da aquisição pela usucapião. Ademais, como o tombamento poderá interferir num direito do possuidor, ele é legítimo interessado no processo de tombamento. Dessa forma, titulares de direitos reais sobre o bem tombado, concessionários, permissionários, locatários, comodatários e outros que tenham a justa posse do imóvel devem ser intimados de todos os atos do processo de tombamento.

2.2 Publicidade do processo de tombamento

O processo administrativo do tombamento deve observar o princípio da publicidade. Este é um princípio fundamental do Direito Administrativo previsto no art. 37 da Constituição Federal. A publicidade divide-se em três aspectos: i) ausência de sigilo e possibilidade de acesso aos processos administrativos; ii) publicidade geral, destinada aos atos

---

[65] GASPARINI, Diógenes. *Direito administrativo*. 17. ed. São Paulo: Saraiva, 2012, p. 896.

da administração pública de efeitos gerais, que se realiza mediante a divulgação da decisão nos órgãos de comunicação oficial ou afixação da decisão em local visível; iii) publicidade específica, destinada aos atos administrativos que geram efeitos em pessoas determinadas, que deve ser realizada por meio da comunicação ao interessado.

Anote-se que a publicidade que se requer do processo de tombamento não é somente a inexistência de sigilo do processo administrativo. Também, a mera publicação das decisões no órgão de comunicação oficial dos atos da Administração pública (Diário Oficial) não é suficiente para que se dê a necessária publicidade do processo de tombamento. Exige-se a observância da publicidade específica, qual seja, a realização de atos pelo órgão de proteção ao patrimônio cultural para que todos os interessados tenham a oportunidade de conhecer a existência do processo administrativo do tombamento e das decisões neste proferidas. Sobre o princípio da publicidade no processo administrativo, Carmen Lúcia Antunes Rocha ressalva a necessidade de:

> (...) comunicação de todos os atos e práticas processados, a informação escorreita de todos os elementos contidos no processo impõe-se como obrigação do processante em relação ao interessado direto e até mesmo ao terceiro. Sem a publicidade do processo, não se tem segurança jurídica; sem o conhecimento pelo interessado, não se tem garantia de sua participação livre e democrática.[66]

Todos os interessados devem ser intimados dos atos realizados no processo de tombamento. As intimações devem ser feitas a todos os proprietários e possuidores dos bens objeto do processo de tombamento. Deve-se realizar a intimação pessoal, não bastando a mera publicação da decisão no diário oficial. A intimação pode ser efetuada por ciência no processo, por via postal com aviso de recebimento, por telegrama ou outro meio que assegure a certeza da ciência do interessado, conforme prevê o §3º do art. 26 da Lei nº 9.784/1999. Em razão da evolução tecnológica, deve-se admitir a intimação dos atos processuais por meio de redes sociais e aplicativos de mensagens eletrônicas, tais como o WhatsApp.[67]

---

[66] ROCHA, Carmen Lúcia Antunes. Princípios constitucionais do processo administrativo no direito brasileiro. *Revista de Informação Legislativa*. Brasília, nº 136, out./dez. 1997, p. 5-28.

[67] "(...) se a citação for realmente eficaz e cumprir a sua finalidade, que é dar ciência inequívoca acerca da ação judicial proposta, será válida a citação efetivada por meio do

As decisões referentes ao tombamento provisório e definitivo, no que se refere aos bens imóveis, devem ser averbadas e registradas no Cartório de Registro de Imóveis, para conhecimento de todos os interessados. O Decreto-Lei nº 25/1937 previa, em seu art. 13, o registro apenas do tombamento definitivo, silenciando sobre o provisório. Posteriormente, a Lei nº 13.097/2015 previu em seu art. 54, inciso III, a necessidade de averbação na matrícula do imóvel de restrição administrativa ou convencional ao gozo de direitos registrados, de indisponibilidade ou de outros ônus quando previstos em lei. Por fim, a Lei nº 14.382/2022, alterando a redação do art. 167, II, item 36, da Lei nº 6.015/1973, previu o averbamento obrigatório do processo de tombamento de bens imóveis. Dessa forma, a mera abertura de processo de tombamento de bem imóvel já deve ser averbada no registro imobiliário, para conhecimento de terceiros. O tombamento definitivo também deve ser registrado no Cartório de Registro de Imóveis, conforme art. 167, I, item 46, da Lei nº 6.015/1973, com a redação dada pela Lei nº 14.382/2022. O Provimento CGJ 21/2007, do Tribunal de Justiça do Estado de São Paulo, prevê a necessidade de averbação no registro de imóveis das restrições próprias dos imóveis situados na vizinhança dos bens tombados ou reconhecidos como integrantes do patrimônio cultural; assim, devem constar do registro imobiliário todas as restrições existentes nos imóveis inseridos em áreas envoltórias de tombamentos.

2.3 Competência para o tombamento

O tombamento é um instrumento para o cumprimento de um dever imposto a todos os entes públicos, na forma do art. 23, III, da Constituição Federal, qual seja, de preservar os documentos, obras e outros bens de valor histórico, artístico e cultural, os monumentos, as paisagens naturais notáveis e os sítios arqueológicos. Para tanto, iremos analisar abaixo as competências material e legislativa em matéria de tombamento.

---

aplicativo de mensagens WhatsApp, ainda que não tenha sido observada forma específica prevista em lei, pois, nessa hipótese, a forma não poderá se sobrepor à efetiva cientificação que indiscutivelmente ocorreu. (SUPERIOR TRIBUNAL DE JUSTIÇA. REsp n. 2.030.887/PA, relatora Ministra Nancy Andrighi, Terceira Turma, julgado em 24/10/2023, DJe de 7.11.2023).

2.3.1 Competência material para o tombamento

Dispõe a Constituição Federal, art. 23, que é competência comum da União, dos Estados, do Distrito Federal e dos Municípios proteger os documentos, as obras e outros bens de valor histórico, artístico e cultural, os monumentos, as paisagens naturais notáveis e os sítios arqueológicos, bem como impedir a evasão, a destruição e a descaracterização de obras de arte e de outros bens de valor histórico, artístico ou cultural. Em seu art. 216, §1º, dispõe a Constituição Federal que o Poder Público, com a colaboração da comunidade, promoverá e protegerá o patrimônio cultural brasileiro por meio de inventários, registros, vigilância, tombamento, desapropriação e outras formas de acautelamento e preservação.

O Brasil é uma federação, conforme preceito expresso dos artigos 1º e 18 da Constituição Federal. A federação pressupõe a autonomia dos entes federados. Conforme lição de Uadi Lammêgo Bulos,

> A autonomia cinge-se à capacidade das ordens jurídicas parciais gerirem negócios próprios dentro de uma esfera de pré-traçada pela entidade soberana. A autonomia está dentro da própria soberania. Por isso, logra gradações, que se exteriorizam em quatro aspectos essenciais: *capacidade de auto-organização* (a entidade federativa deve possuir constituição própria); *capacidade de autogoverno* (eletividade de representantes políticos); *capacidade de autolegislação* (consiste na edição de normas gerais e abstratas); *capacidade de autoadministração* (prestação e manutenção de serviços próprios).[68]

Leciona José Afonso da Silva que "a Constituição de 1988 estruturou um sistema que combina competências exclusivas, privativas e principiológicas com competências comuns e concorrentes, buscando reconstruir o sistema federativo segundo critérios de equilíbrio ditados pela experiência histórica".[69] Um dos critérios utilizados para se definir as competências dos entes federativos é o critério do interesse:

> O princípio geral que norteia a repartição de competências entre as unidades componentes do Estado Federal é o da *predominância do interesse*, segundo o qual à União caberão aquelas matérias e questões de

---

[68] BULOS, Uadi Lammêgo. *Constituição Federal anotada*. 12. ed. São Paulo: Saraiva, 2017, p. 53.
[69] SILVA, José Afonso da. *Comentário contextual à Constituição*. 4. ed. São Paulo: Malheiros, 2007, p. 243.

predominante interesse geral, nacional, ao passo que aos Estados tocarão as matérias e assuntos de *predominante interesse regional,* e aos Municípios concernem os *assuntos de interesse local.*[70]

Deve o aplicador da norma constitucional priorizar a interpretação que fomente a autonomia dos entes federativos, e não a centralização de poderes na União:

> Nos regimes federalistas, respeitadas as opções realizadas pelo legislador constituinte e previamente estabelecidas no próprio texto constitucional, quando surgem dúvidas sobre a distribuição de competências e, consequentemente, a necessidade de definição do ente federativo competente para legislar sobre determinado e específico assunto, que engloba uma ou várias matérias com previsão ou reflexos em diversos ramos do Direito, caberá ao interprete priorizar o fortalecimento das autonomias locais e o respeito às suas diversidades como pontos caracterizadores e asseguradores do convívio no Estado Federal, que garantam o imprescindível equilíbrio federativo.[71]

Decorre do art. 23, incisos III e IV, da Constituição Federal que é da competência comum da União, dos Estados, do Distrito Federal e dos Municípios realizar tombamentos. Conforme lição de José Afonso da Silva, a "competência comum significa que a prestação do serviço por uma entidade não exclui igual competência de outra – até porque aqui se está no campo da competência-dever, porque se trata de cumprir a função pública de prestação de serviços à população".[72]

Deve-se entender a expressão "Poder Público" constante do §1º do art. 216 da Constituição Federal como abrangente da União, dos Estados, do Distrito Federal e do Municípios, os quais, conforme art. 23, III e IV, podem realizar tombamentos de forma autônoma, sem a dependência ou subordinação de uns em relação aos outros. Conforme lição de Luciano Ferraz:

---

[70] SILVA, José Afonso da. *Comentário contextual à Constituição.* 4. ed. São Paulo: Malheiros, 2007, p.243-244.

[71] Supremo Tribunal Federal. Voto na ADI 5352, Relator(a): Min. Alexandre de Moraes, Tribunal Pleno, julgado em 25.10.2018, Processo Eletrônico DJe-257 DIVULG 30-11-2018 PUBLIC 03.12.2018.

[72] SILVA, José Afonso da. *Comentário contextual à Constituição.* 4. ed. São Paulo: Malheiros, 2007, p. 273.

O tombamento é instrumento protetivo à disposição de todas as esferas federativas, cabendo destacar a possiblidade, nada incomum, de incidência conjunta sobre o mesmo bem de tombos federais, estaduais e municipais. É dizer, a União, os Estados e os Municípios podem decidir por simultaneamente tombar o mesmo bem, desde que os valores agregados pertençam concorrentemente a todos eles.[73]

Anote-se que não somente o tombamento, mas a preservação dos bens tombados é de competência de todos os entes federativos. Não poderá, dessa forma, a lei ordinária estabelecer a competência de apenas um dos entes federativos, liberando os demais do dever constitucional de preservar o patrimônio cultural, conforme decidiu o Supremo Tribunal Federal:[74]

> EMENTA: Federação: competência comum: proteção do patrimônio comum, incluído o dos sítios de valor arqueológico (CF, arts. 23, III, e 216, V): encargo que não comporta demissão unilateral. 1. L. est. 11.380, de 1999, do Estado do Rio Grande do Sul, confere aos municípios em que se localizam a proteção, a guarda e a responsabilidade pelos sítios arqueológicos e seus acervos, no Estado, o que vale por excluir, a propósito de tais bens do patrimônio cultural brasileiro (CF, art. 216, V), o dever de proteção e guarda e a consequente responsabilidade não apenas do Estado, mas também da própria União, incluídas na competência comum dos entes da Federação, que substantiva incumbência de natureza qualificadamente irrenunciável. 2. A inclusão de determinada função administrativa no âmbito da competência comum não impõe que cada tarefa compreendida no seu domínio, por menos expressiva que seja, haja de ser objeto de ações simultâneas das três entidades federativas: donde, a previsão, no parágrafo único do art. 23 CF, de lei complementar que fixe normas de cooperação (v. sobre monumentos arqueológicos e pré-históricos, a L. 3.924/61), cuja edição, porém, é da competência da União e, de qualquer modo, não abrange o poder de demitirem-se a União ou os Estados dos encargos constitucionais de proteção dos bens de valor arqueológico para descarregá-los ilimitadamente sobre os Municípios. 3. Ação direta de inconstitucionalidade julgada procedente.

---

[73] FERRAZ, Luciano. *In:* DI PIETRO, Maria Sylvia Zanella (coord.). *Tratado de direito administrativo.* Tomo 3. Direito administrativo dos bens e restrições estatais à propriedade. São Paulo: Revista dos Tribunais, 2014, p.407.

[74] SUPREMO TRIBUNAL FEDERAL – ADI 2544, Relator(a): Sepúlveda Pertence, Tribunal Pleno, julgado em 28.06.2006, DJ 17-11-2006 PP-00047 EMENT VOL-02256-01 PP-00112 LEXSTF v. 29, n. 337, 2007, p. 73-86.

Poder-se-ia cogitar que seria inútil o tombamento de um bem já tombado por outro ente federativo. Parte da doutrina advoga que o tombamento sucessivo reforça a relevância do bem protegido, bem como aumenta a sua salvaguarda, tendo em vista que permite expressamente que um ente fiscalize a preservação do bem, caso outro se omita. Nesse sentido é a lição de Pontes de Miranda:

> Mas pode o interesse na conservação e guarda ser mais especialmente para o Estado-membro, o Distrito Federal, ou o Município. Qualquer delas, inclusive a União, pode tombar o que outra já tombara, para reforçar a eficácia do tombamento, ou para evitar que a outra se omita na fiscalização ou dê permissões que firam o interesse revelado.[75]

Entretanto, o poder de polícia sobre bens especialmente protegidos pode ser exercido por todos os entes federativos, independentemente de quem tenha realizado o tombamento, com fundamento no art. 23, III, da Constituição Federal. A competência material para defesa do patrimônio cultural deve ser realizada em relação a todos os bens tombados ou especialmente protegidos, mesmo que por outro ente federativo. O poder de polícia atribuído a todos os entes públicos para a defesa do patrimônio cultural abrange todos os bens tombados. Assim, o poder de polícia do Município para a proteção de bens tombados abrange, inclusive, os que o foram pelo Estado ou União. Da mesma forma, o Estado tem o dever de proteger os bens relevantes ao patrimônio cultural, mesmo que tombados pelo Município ou União. Esta, por sua vez, deve proteger os bens tombados pelos Municípios e Estados.

Ademais, deve ser sempre almejada a eficiência dos atos administrativos. O tombamento realizado por um ente da federação já ocasiona a incidência de um regime jurídico protetivo ao bem que, em tese, dispensaria outro tombamento por outro ente federativo. Assim, apesar de juridicamente possível, não é necessário e nem desejável que os órgãos de preservação realizem tombamentos de bens já tombados por outros entes federativos.

O tombamento da União deve ser realizado preferencialmente nos bens de interesse nacional. Os Estados devem tombar preferencialmente bens de interesse regional. Por fim, os Municípios devem tombar

---

[75] PONTES DE MIRANDA. *Comentários à Constituição de 1967, com a Emenda n. 1, de 1969*. Tomo VI. 2. ed. São Paulo: Revista dos Tribunais, 1972, p. 376.

preferencialmente os bens de interesse local. Nesse sentido é a lição de Antônio Augusto Queiroz Telles:

> O que vai disciplinar a atuação do Poder Público, nessa matéria, é justamente a abrangência do sentido histórico ou artístico, situado na escala nacional (União), regional (Estados), ou local (Municípios), além da do Distrito Federal.
>
> Em realidade, não haveria sentido algum, por exemplo, o *tombamento* concretizado pela União ou pelo Estado, se o bem objeto da medida se apresentasse com aquelas características, mas que indicassem um grau de interesse maior do Município.
>
> Para que possa haver concomitância de *tombamento*, sobre o mesmo bem, seria necessária a comprovação do real interesse das três esferas.[76]

Em razão da falta de estrutura material e humana dos órgãos públicos de proteção ao patrimônio cultural, os tombamentos devem, preferencialmente, restringir-se aos bens objeto de sua área de atuação. Um menor número de tombamentos permite um exercício mais eficiente do poder de polícia e vigilância dos bens protegidos. A melhor proteção ao patrimônio cultural se dará por meio de um número limitado de tombamentos, com efetiva vigilância e uso do poder de polícia para a preservação dos bens protegidos. Na cidade de São Paulo, um imóvel tombado pelo Município denominado "Casarão das Muletas", construído no ano de 1913, após anos de abandono, bem como em razão da ausência de fiscalização e aplicações de penalidades pelos órgãos competentes, restou em estado de ruína, confirmado em laudo,[77] tendo sido demolido.[78] Conforme lição de Franciso Humberto Cunha Filho e Vitor Melo Studart, "tombar e preservar são coisas distintas, para que um tombamento funcione é necessário que o poder público atue no cumprimento de seus deveres legais, principalmente o fiscalizatório, e que o proprietário colabore em sua conservação".[79]

---

[76] TELLES, Antônio A. Queiroz. *Tombamento e seu regime jurídico*. São Paulo: Revista dos Tribunais, 1992, p. 95

[77] CASARÃO do século 20 tombado na região central de SP precisa ser demolido imediatamente, aponta laudo. G1. 22.01.2023. Disponível em: https://g1.globo.com/sp/sao-paulo/noticia/2024/01/22/casarao-do-seculo-20-e-tombado-na-regiao-central-de-sp-precisa-ser-demolido-imediatamente-aponta-laudo.ghtml. Acesso em: 13 fev. 2024.

[78] Termina demolição de "casarão das muletas", palacete de 1913 em SP. *Metrópolis*. 15.02.2024. Disponível em: https://www.metropoles.com/sao-paulo/termina-demolicao-casarao-muletas. Acesso em: 08 abr. 2024.

[79] FILHO, Francisco Humberto Cunha; STUDART, Vitor Melo. As "outras formas de acautelamento e preservação" do patrimônio cultural brasileiro. *Revista de Direito da Cidade*, v. 9, n. 2, p. 366-388, 2017.

Anote-se que os Municípios, em especial os menores, podem ter maiores dificuldades práticas em proteger o patrimônio cultural. Nesse sentido, alerta Thiago Marrara[80] que "na prática, muitos Municípios não dispõem de equipes técnicas para avaliar e fiscalizar esse patrimônio, nem para aplicar recursos financeiros quando o particular deles não dispuser". Continua o referido autor ressaltando "a importância de que utilizem o tombamento com razoabilidade, sempre o comparando com outras técnicas alternativas de proteção do patrimônio histórico-cultural, como o registro, a transferência de direito de construir, a desapropriação etc.".

Dessa forma, deve-se evitar tombamentos desnecessários. O tombamento realizado por um ente da federação já resulta na sujeição do bem protegido a todo o regime jurídico protetivo decorrente da Constituição Federal e legislação. Não é necessário, não é desejável e não é útil que um bem seja tombado por mais de um ente da federação. O proprietário de um bem tombado pela União, pelo Estado e pelo Município teria que obter autorizações de todos eles para realizar uma reforma na sua propriedade; a demora no trâmite das licenças nas três esferas poderia resultar em ruína do bem tombado. Entretanto, incumbe a todos os entes federativos o dever de realizar a fiscalização do cumprimento dos deveres de preservação, conservação e restauração dos bens tombados, com fundamento no poder de polícia, decorrente do art. 23, III, da Constituição Federal.

2.3.2 Competência legislativa em matéria de tombamento

Anote-se que quando neste item é tratada da competência legislativa, está-se referindo à lei em sentido estrito, qual seja, o ato normativo abstrato que regula de forma abstrata determinada situação. A legislação sobre tombamento, assim, seria a norma que disciplina o instituto do tombamento, seus requisitos, seu procedimento e demais aspectos que irão reger todos os bens tombados inseridos dentro do território da entidade legiferante. A lei específica que determina o tombamento de determinado bem não é lei em sentido estrito, mas lei em sentido amplo, com natureza de ato administrativo. Nesse sentido é a lição de Allan Carlos Moreira Magalhães e Francisco Humberto Cunha Filho:

---

[80] MARRARA, Thiago. *Manual de direito administrativo* – Volume 02: Funções administrativas, intervenção na propriedade e bens estatais. 3. ed. Indaiatuba: Foco, p. 194. Edição Kindle.

A distinção entre lei formal e lei material é útil para conferir tratamento diferenciado à Lei de Efeitos Concretos que promove o tombamento, já que a mesma é lei apenas com relação à sua forma, mas ato administrativo quanto a seu conteúdo. Dessa feita, possuindo a lei que promove o tombamento provisório a natureza de um ato administrativo, que declara o valor cultural do bem com o intuito de protegê-lo preventivamente, essa lei deve ser passível de revisão pelo Poder Executivo, no bojo do processo administrativo destinado ao tombamento definitivo, oportunidade em que deve ser assegurado o contraditório e a ampla defesa ao proprietário do bem.[81]

Acerca da lei de efeitos concretos, deve-se tratá-la como ato administrativo, e sua competência ser analisada dentro da denominada competência material. Neste item será tratada apenas a competência para a edição de normas abstratas disciplinando o instituto do tombamento.

O tombamento se materializa por meio de um ato administrativo. O direito administrativo, assim, é a sede do tombamento. Todos os entes da federação possuem competência para legislar sobre direito administrativo, em razão da sua autonomia administrativa prevista no art. 18 da Constituição Federal. Nesse sentido, a doutrina ensina que "não é exclusiva da União a competência para legislar sobre direito administrativo e, bem assim, sobre o *tombamento*, instituto que nesse ramo jurídico se insere".[82]

Entretanto, o tombamento é um assunto que ultrapassa a área de abrangência do Direito Administrativo. Trata-se de um instituto que tem interferência imediata com o direito de propriedade, incidindo sobre o âmbito do Direito Civil, cuja competência legislativa é privativa da União, na forma do art. 22, I, da Constituição Federal. Dessa forma, deve-se buscar a competência para legislar sobre tombamento em normas constantes da Constituição Federal.

A competência legislativa para o tombamento é concorrente, conforme art. 24, VII e VIII da Constituição Federal. A competência da União limitar-se-á a estabelecer normas gerais. Os Estados exercerão a competência suplementar. Inexistindo lei federal sobre normas gerais,

---

[81] MAGALHÃES, Allan Carlos Moreira; CUNHA FILHO, Francisco Humberto. O tombamento legislativo: a lei de efeitos concretos. *Revista Direito Ambiental e sociedade*, v. 8, n. 2, p. 181-204, 2018.

[82] TELLES, Antônio A. Queiroz. *Tombamento e seu regime jurídico*. São Paulo: Revista dos Tribunais, 1992, p. 91.

os Estados exercerão a competência legislativa plena, para atender a suas peculiaridades. A superveniência de lei federal sobre normas gerais suspende a eficácia da lei estadual no que lhe for contrário. Assim, resta claro do texto da Constituição Federal a possiblidade de a União e os Estados (e Distrito Federal, no uso das competências estaduais) legislarem sobre tombamento.

2.3.2.1 Competência legislativa dos Municípios em matéria de tombamento

Conforme entendimento de Luciano Ferraz, "o Município não detém competência para editar lei (abstrata e genérica), versando sobre tombamento, o que não lhe impede de buscar a operacionalização do instituto, utilizando a legislação federal e estadual existente sobre o tema".[83] Em sentido contrário, Fernanda Barreto Miranda afirma que "a repartição constitucional de competências garante aos Municípios autonomia e equilíbrio federativo, tanto para executar medidas administrativas, quanto para legislar em matéria de tombamento (...)".[84] Cretella Júnior assevera que "todos os Estados brasileiros, assim como todos os Municípios, podem, por direito próprio, outorgado pelo diploma maior, editar normas específicas a respeito dos respectivos patrimônios, resultantes do tombamento".[85] Ainda sobre o mesmo assunto, o referido autor leciona que:

> Parece não comportar nenhuma dúvida que os Municípios brasileiros podem legislar sobre tombamento. Ou por meio de uma lei geral, estabelecendo regras e contornos amplos, ou através de lei específica, para determinado caso, mesmo porque não são comuns, nem numerosas, em cada Município, as hipóteses de necessidade de tombamento de bens móveis ou imóveis.[86]

---

[83] FERRAZ, Luciano. *In*: DI PIETRO, Maria Sylvia Zanella (coord.). *Tratado de direito administrativo*. Tomo 3. Direito Administrativo dos Bens e Restrições Estatais à Propriedade. São Paulo: Revista dos Tribunais, 2014, p. 406.

[84] MIRANDA, Fernanda Barreto. Competências municipais em matéria de tombamento. *In*: PIRES, Luís Manuel Fonseca; ZOCKUN, Maurício. *Intervenções do Estado*. São Paulo: Quartier Latin, 2008, p. 227-262.

[85] CRETELLA JÚNIOR, José. *Comentários à Constituição Brasileira de 1988*. 2. ed. Vol. VIII. Arts. 170 a 232. Rio de Janeiro: Forense Universitária, 1993, p. 4448.

[86] CRETELLA JÚNIOR, José. *Comentários à Constituição Brasileira de 1988*. 2. ed. Vol. VIII. Arts. 170 a 232. Rio de Janeiro: Forense Universitária, 1993, p. 4457.

O art. 30 da Constituição Federal atribui aos Municípios a competência para legislar sobre assuntos de interesse local e suplementar a legislação federal e a estadual no que couber. Também, é atribuído ao Município o dever de promover a proteção do patrimônio histórico-cultural local, observada a legislação e a ação fiscalizadora federal e estadual (art. 30, IX). Dessa forma, é inquestionável que o Município detém competência para legislar sobre tombamento, dentro dos limites impostos pela Constituição Federal. No mesmo sentido, Antônio A. Queiroz Telles leciona que "o Município poderá, dessa forma, através da legislação própria, detalhar a matéria em exame, desde que não afronte a legislação federal e a estadual".[87]

2.3.3 Delimitação das regras gerais e especiais em matéria de tombamento

Anote-se que se deve estabelecer o que seriam as regras gerais em matéria de tombamento, de competência privativa da União, bem como as que seriam específicas e que poderiam ser disciplinadas por lei estadual e municipal.

Não se pode deixar de pôr em relevo que o tombamento se processa mediante um processo administrativo. A disciplina do processo administrativo é, em regra, da União, de competência privativa desta, na forma do art. 22, I, da Constituição Federal. Dessa forma, o processo administrativo do tombamento deve observar as regras da legislação federal no que for aplicável. Contudo, os Estados podem legislar sobre procedimentos em matéria processual, na forma do art. 24, XI, da Constituição Federal.

Tendo em vista que o processo deve ser disciplinado por lei da União e o procedimento pode ser disciplinado por lei do Estado, fundamental é estabelecer a diferença entre processo e procedimento. Conforme lição da doutrina,

> Pode-se dizer que, enquanto para o processo importa a finalidade, bem como a relação existente entre os sujeitos do processo (partes e órgão jurisdicional), ao procedimento liga-se à ideia de realização sucessiva de atos, que se manifestam como aspecto exterior do fenômeno. Diante disso, afirma-se, por exemplo, que matérias referentes ao exercício

---

[87] TELLES, Antônio A. Queiroz. *Tombamento e seu regime jurídico*. São Paulo: Revista dos Tribunais, 1992, p. 91.

do direito de ação e às provas devem estar previstas em lei federal, porque intrinsecamente relacionadas ao direito material, que são de competência legislativa exclusiva da União (art. 22, I, da CF/1988). Será tema eminentemente procedimental, por outro lado, aquele relativo ao local em que determinada petição deve ser protocolizada pela parte (...) sob esta perspectiva, portanto, são processuais, e não procedimentais (no sentido do art. 24, IX, da CF) aquelas normas cuja alteração acabem influindo no próprio direito material.[88]

Partindo-se da lição acima colacionada, todos os atos que possam influenciar na proteção do bem tombado, bem como no direito de propriedade, devem ser regidos pela lei federal. Os demais que digam respeito ao rito do processo administrativo do tombamento podem ser regidos pela lei estadual e municipal. O rito do processo de tombamento pode ser disciplinado pela lei estadual e por lei municipal para adequá-lo às peculiaridades locais.

O conceito de tombamento, seu objeto e finalidade são definidos pela Constituição Federal e, dessa forma, não podem receber disciplina que contrarie a finalidade do instituto. Da mesma forma, os efeitos do tombamento e as vedações que incidem sobre o proprietário do imóvel tombado são matérias que não podem ser disciplinadas de forma contrária à legislação federal geral sobre o assunto.

O Decreto-Lei nº 25/1937 contém diversas regras processuais que devem ser seguidas pela legislação estadual, tais como do art. 9º, no que se referem à necessidade de notificação do proprietário do bem tombado, concessão de prazo para defesa, a disciplina do processo do tombamento provisório e definitivo.

A composição dos órgãos de tombamento, o número de conselheiros, os valores de multa em caso de descumprimento de diretrizes de tombamento e outros ritos podem ser disciplinados pela legislação estadual.

2.4 O tombamento e o conflito com leis municipais que disciplinam o uso do solo urbano

Dispõe a Constituição Federal que é da competência comum da União, dos Estados, do Distrito Federal e dos Municípios, na forma

---

[88] MEDINA, José Miguel Garcia; WAMBIER, Teresa Arruda Alvim. *Parte geral e processo de conhecimento.* 3. ed. São Paulo: Ed. RT, 2013, p. 61.

do art. 23, III, proteger os documentos, as obras e outros bens de valor histórico, artístico e cultural, os monumentos, as paisagens naturais notáveis e os sítios arqueológicos. Decorre da disciplina constitucional que a proteção do patrimônio cultural brasileiro é de competência material comum dos entes federativos. O tombamento, como instrumento de proteção do patrimônio cultural brasileiro, pode ser realizado por todas as esferas federativas (União, Estados, Distrito Federal e Municípios).

Entretanto, o Município é o ente com competência para, na forma do inciso VIII do art. 30 da Constituição Federal, promover, no que couber, adequado ordenamento territorial mediante planejamento e controle do uso, do parcelamento e da ocupação do solo urbano. Assim, necessário enfrentar a seguinte questão: o tombamento poderia impor normas que contrariem as leis que disciplinam o parcelamento do solo e o zoneamento editadas pela Municipalidade?

O Município tem competência para proteção do patrimônio histórico-cultural local, na forma do inciso VIII do art. 30, podendo, inclusive, na forma da alínea "d" do inciso V do art. 4º do Estatuto da Cidade, utilizar-se do instituto do tombamento como instrumento da política urbana.

Por outro lado, o inciso VIII do art. 30 da Constituição Federal atribui ao Município a competência de promover, *no que couber*, adequado ordenamento territorial, mediante planejamento e controle do uso, do parcelamento e da ocupação do solo urbano.

Entretanto, a União e os Estados também detêm a competência material para a proteção dos bens de valor histórico, artístico e cultural, monumentos, paisagens naturais notáveis e sítios arqueológicos, na forma do art. 23, III. Nesse sentido, Miriam do Rosário Moreira Lima assevera que "se ao município cabe legislar sobre interesse local, do mesmo modo impõe-se o dever de se ater aos demais preceitos constitucionais acima mencionados. sobretudo a obediência às legislações federal e estadual sobre proteção do patrimônio cultural".[89]

Pela própria natureza das restrições decorrentes do tombamento, em relação a eventuais bens tombados, não será aplicável a legislação municipal sobre o ordenamento urbano e ocupação do solo. Isso é notório, por exemplo: um bem imóvel, em regra, pode ser demolido, desde que atendidas as disposições da legislação municipal; entretanto,

---

[89] LIMA, Mirian do Rozário Moreira. Tombamento x direito de construir: conflito entre interesses públicos e privados. *Revista Jurídica Lex*. vol. 82, 2016, julho/agosto, p. 69-77.

se tombado não pode ser demolido; assim, é evidente que as restrições decorrentes do tombamento podem afastar a legislação municipal que disciplina a ocupação do solo urbano.

A proteção do patrimônio histórico-cultural não se confunde com a disciplina urbanística, pois são valores diferentes e não coincidentes. Não poderá o Estado interferir na competência exclusiva do Município de promover o adequado ordenamento territorial, mediante planejamento e controle do uso, do parcelamento e da ocupação do solo urbano. Entretanto, essa função municipal não poderá inibir o exercício de outras competências conferidas à União e aos Estados, como a prerrogativa de realizar tombamentos, conforme preceito expresso do inciso V do art. 216 c/c o art. 23, III da Constituição Federal. Por isso a Constituição Federal, no inciso VII do art. 30 contém a ressalva da expressão *"no que couber"*. Essa expressão ressalta que, no exercício da competência de promover o adequado ordenamento territorial, deverá o Município respeitar as competências constitucionais de outros entes federativos.

Anoto que o Superior Tribunal de Justiça já se manifestou acerca da suposta usurpação de competência do município em razão do tombamento estadual, declarando válido o afastamento de eventuais disposições da lei municipal contrárias aos valores protegidos pelo tombamento. Seguem abaixo os principais trechos do voto do Ministro Gurgel de Faria no julgamento do Recurso em Mandado de Segurança nº 55.090, julgado em 21.11.2019:[90]

> (...)
>
> Os sistemas de proteção do patrimônio cultural brasileiro previsto na Carta Magna são: o tombamento, o inventário, o registro, a vigilância e a desapropriação, ex vi do art. 216, §1º, CF/88, os quais não se confundem.
>
> Ademais, consoante dispõe o art. 30, I, II e IX, da Constituição Federal, o Município possui competência comum com a União, Estados e o Distrito Federal para "proteger os documentos, as obras e outros bens de valor histórico, artístico e cultural, os monumentos, as paisagens naturais notáveis e os sítios arqueológicos" (arts. 23, III, CF/88).
>
> Contudo, o ente municipal não detém competência concorrente com os demais entes federativos para legislar "sobre direito tributário, financeiro, penitenciário, econômico e urbanístico" (art. 24, VII), exceto

---

[90] Voto disponível em: https://scon.stj.jus.br/SCON/GetInteiroTeorDoAcordao?num_registro=201702127870&dt_publicacao=03/12/2019. Acesso em: 20 out. 2021.

sobre "assuntos de interesse local", podendo, ainda, "suplementar a legislação federal e a estadual no que couber" (30, I e II), bem como praticar atos de tombamento, mas a sua autonomia deve observar "a legislação e ação fiscalizadora federal e estadual" (IX).

Com efeito, no âmbito administrativo, a Constituição estabelece a competência comum de proteger o patrimônio, sendo certo, ainda, que as normas de direito urbanístico não são suplementares às leis federais e estaduais que visam proteger o patrimônio cultural, sendo, portanto, dois objetos jurídicos distintos.

A despeito de a Lei federal n. 10.257/1001 (Estatuto da Cidade) prever o tombamento no artigo 4º, V, "d", como um dos instrumentos da política urbana, reforçando a competência do Município para dispor e gerir o solo, mediante plano diretor (art. 4º, III, "a"), tal circunstância não implicou a alteração das competências constitucionais de legislar e proteger o patrimônio cultural (...).

No mesmo sentido foi o entendimento demonstrado pelo Tribunal de Justiça do Estado de São Paulo no voto do Desembargador Osvaldo Magalhães no julgamento do recurso de Apelação nº 0836846-48.1998.8.26.0100,[91] em 30 de julho de 2018, no sentido de que a regularidade da intervenção realizada em imóvel perante a Municipalidade não isenta o proprietário das sanções decorrentes da inobservância das regras de tombamento vigentes:

> Não bastasse, cumpre ressaltar que eventual regularidade das reformas empreendidas perante a Municipalidade não implica necessariamente em legalidade das intervenções perante o CONDEPHAAT. Isso porque a primeira, no exercício do seu poder de polícia, leva em consideração principalmente normas municipais de cunho urbanístico, ao passo que o segundo é órgão estadual cuja finalidade precípua consiste na proteção do patrimônio histórico, artístico e cultural. Por isso, tem-se que eventual regularidade da construção perante a Prefeitura de São Paulo não demonstrada pelos requeridos, diga-se, não conduz necessariamente no desfecho de improcedência da presente ação, eis que o que se objetiva apurar nesta demanda não só a conformidade do imóvel às posturas municipais, mas também e principalmente a reparação de dano ao meio ambiente e patrimônio cultural, reconhecido como tal pelo órgão competente do Estado de São Paulo.

---

[91] Disponível em: https://esaj.tjsp.jus.br/cjsg/getArquivo.do?cdAcordao=11664930&cdForo=0. Acesso em: 20 out. 2021.

Dessa forma, *conclui-se que o tombamento poderá, desde que necessário e imprescindível à preservação do bem protegido, afastar as normas que regem a ocupação do solo urbano editadas pelo Município.* Deverá o ato do tombamento fundamentar as restrições impostas aos proprietários que não constem expressamente das normas municipais sobre o uso e ocupação do solo. Devem ser fundamentadas a necessidade e adequação das restrições com a preservação do bem tombado. Não havendo qualquer incompatibilidade das normas que regem o uso e ocupação do solo editadas pelo Município com a preservação do bem tombado, elas não devem ser afastadas, sob pena de ofensa ao ordenamento jurídico. Ademais, qualquer omissão das normas do tombamento resulta na incidência e aplicabilidade das normas municipais sobre o uso do solo urbano.

2.5 O procedimento do tombamento

O processo de tombamento pode ser iniciado por iniciativa do proprietário do bem, como de terceiros, perante um órgão de proteção ao patrimônio cultural no âmbito da União, dos Estados ou Municípios. Após, são realizados estudos técnicos que possam comprovar a relevância ou indícios de relevância do bem como parte do patrimônio cultural. Em regra, há um juízo preliminar do órgão de proteção, a partir dos estudos técnicos iniciais, pela abertura do processo de tombamento ou pelo seu arquivamento. A abertura do processo de tombamento é denominada de tombamento provisório e, em caráter cautelar, impede a destruição ou modificação do bem objeto de estudo de tombamento. Após a conclusão do estudo de tombamento, o órgão de proteção delibera e, caso entenda que é caso de tombamento, envia o expediente para a autoridade competente, para decisão final.

O direito positivo brasileiro não prevê critérios objetivos para a avaliação de um bem como relevante ao patrimônio cultural. A Lei nº 107/2001 da República Portuguesa[92] prevê os seguintes critérios:

---

[92] REPÚBLICA PORTUGUESA. Lei nº 107/2001. Estabelece as bases da política e do regime de protecção e valorização do património cultural. Disponível em: https://diariodarepublica.pt/dr/legislacao-consolidada/lei/2001-72871514-72871608. Acesso em: 05 nov. 2023.

Artigo 17º

Critérios genéricos de apreciação

Para a classificação ou a inventariação, em qualquer uma das categorias referidas no artigo 15.º, serão tidos em conta algum ou alguns dos seguintes critérios:

a) O carácter matricial do bem;

b) O génio do respectivo criador;

c) O interesse do bem como testemunho simbólico ou religioso;

d) O interesse do bem como testemunho notável de vivências ou factos históricos;

e) O valor estético, técnico ou material intrínseco do bem;

f) A concepção arquitectónica, urbanística e paisagística;

g) A extensão do bem e o que nela se reflecte do ponto de vista da memória colectiva;

h) A importância do bem do ponto de vista da investigação histórica ou científica;

i) As circunstâncias susceptíveis de acarretarem diminuição ou perda da perenidade ou da integridade do bem.

Na Inglaterra[93] são indicados os seguintes critérios para o tombamento:

> *Architectural Interest: To be of special architectural interest a building must be of importance in its design, decoration or craftsmanship. Special interest may also apply to particularly significant examples of building types or techniques (e.g. buildings displaying technological innovation or virtuosity) and significant plan forms. Engineering and technological interest can be an important consideration for some buildings. For more recent buildings in particular, the functioning of the building (to the extent that this reflects on its original design and planned use, where known) will also be a consideration. Artistic distinction can also be a factor relevant to the architectural interest of buildings and objects and structures fixed to them.*[94]

---

[93] UNITED KINGDOM. PRINCIPLES OF SELECTION FOR LISTED BUILDINGS. Disponível em: https://assets.publishing.service.gov.uk/media/5beef3c9e5274a2b0b4267e0/Revised_Principles_of_Selection_2018.pdf

[94] "Interesse Arquitetônico: Para ter interesse arquitetônico especial, um edifício deve ser importante em seu *design*, decoração ou artesanato. Interesse especial também pode aplicar-se a exemplos particularmente significativos de tipos ou técnicas de construção (por exemplo, edifícios que apresentam inovação tecnológica ou virtuosismo) e formas de planta significativas. O interesse de engenharia e tecnológico pode ser uma consideração importante para alguns edifícios. Para edifícios mais recentes, em particular, o funcionamento do edifício (na medida em que isso se reflita na sua concepção original e

Historic Interest: To be able to justify special historic interest a building must illustrate important aspects of the nation's history and / or have closely substantiated historical associations with nationally important individuals, groups or events; and the building itself in its current form will afford a strong connection with the valued aspect of history.[95]

Os critérios acima previstos na legislação estrangeira poderiam servir de inspiração para o legislador brasileiro positivar os critérios mínimos que devem existir para que um bem possa ser considerado como relevante ao patrimônio cultural e possa ser tombado.

Em regra, os órgãos de preservação são compostos de áreas técnicas, e as decisões, de natureza meramente opinativa, são tomadas por um colegiado que decide por maioria simples ou qualificada, a depender do regimento do órgão, pelo tombamento de determinado bem, cabendo a decisão a uma autoridade do Poder Executivo. No âmbito federal, o Conselho Consultivo do IPHAN, previsto no art. 7º do Decreto-Lei nº 25/1937, emite um parecer, cabendo ao Ministro de Estado da pasta responsável pela Cultura decidir de forma definitiva, conforme Lei nº 6.292/1975. No Estado de São Paulo, o Conselho de Defesa do Patrimônio Histórico, Arqueológico, Artístico e Turístico do Estado de São Paulo – CONDEPHAAT delibera sobre a proposta de tombamento, cabendo a decisão final ao Secretário de Estado da Cultura, na forma do Decreto-Lei Estadual nº 149/1969.

Dessa forma, em regra, os órgãos de proteção ao patrimônio cultural são colegiados que emitem *pareceres opinativos* que vão subsidiar a decisão da autoridade do Poder Executivo com competência para decretar o tombamento de determinado bem relevante ao patrimônio cultural. Anote-se, entretanto, que a defesa do patrimônio cultural é um dever dos entes públicos, na forma do art. 216, §1º, da Constituição Federal. Dessa forma, apesar de possível que a autoridade competente discorde da recomendação do órgão colegiado de proteção ao patrimônio cultural, tal decisão deve ser fundada em razões técnicas, jurídicas ou de interesse público, não podendo ser decorrente de mero

---

utilização planeada, quando conhecida) também será levado em consideração. A distinção artística também pode ser um fator relevante para o interesse arquitetônico dos edifícios e dos objetos e estruturas a eles fixados".

[95] "Interesse Histórico: Para poder justificar um interesse histórico especial, um edifício deve ilustrar aspectos importantes da história da nação e/ou ter associações históricas estreitamente fundamentadas com indivíduos, grupos ou eventos importantes; e o próprio edifício na sua forma atual proporcionará uma forte ligação com o aspecto valorizado da história."

juízo de conveniência e oportunidade. Não existe discricionariedade na proteção de direitos fundamentais, tal como o patrimônio cultural; entretanto, o patrimônio cultual pode ser incompatível com outros valores constitucionalmente garantidos pelo ordenamento jurídico. Assim, não poderia haver a negativa do tombamento baseada exclusivamente em decisão discricionária.

2.6 A proteção provisória do bem tombado em razão da abertura do processo de tombamento – o tombamento provisório

O tombamento provisório acarreta os mesmos efeitos do tombamento definitivo. Trata-se de uma medida de natureza cautelar que poderá ou não ser confirmada pela decisão final das autoridades competentes para decidirem de forma definitiva o processo administrativo do tombamento. O Decreto-Lei nº 25/1937, em seu art. 10, prevê o tombamento provisório que se equipara ao definitivo, que se inicia a partir da notificação prevista no art. 9º, 1, da referida norma. No Estado de São Paulo, o Decreto nº 13.426/1979, em seu art. 142 e parágrafo único, prevê que o tombamento de bens se inicia pela abertura do processo respectivo, bem como que a deliberação do Conselho ordenando o tombamento ou a simples abertura do processo assegura a preservação do bem até decisão final da autoridade.

A primeira questão que deve ser ressaltada é que a abertura de um processo de tombamento deve ser realizada com muita cautela, tendo em vista os efeitos que ocasiona. Somente com fundamento em instrução probatória relevante, bem como com indícios suficientes da necessidade de proteção do bem, devido à relevância ao patrimônio cultural, deve-se abrir um processo de tombamento que resulta em sua proteção provisória, com efeitos idênticos à de um tombamento definitivo. Carlos Ari Sundfeld[96] alerta que:

> A primeira é que a mera instauração de um processo administrativo, feita com instrução ainda básica, congela o imóvel e a área que o envolve, até uma decisão final que pode tardar anos. Tem sido cada vez mais frequente que, pensando em seus próprios interesses, locatários

---

[96] SUNDFELD, Carlos Ari. Até onde os tombamentos podem ir? *O Globo*. 19.01.2024. Disponível em: https://oglobo.globo.com/blogs/fumus-boni-iuris/post/2024/01/carlos-ari-sundfeld-ate-onde-os-tombamentos-podem-ir.ghtml. Acesso em: 20 fev. 2024.

ou vizinhos de imóveis postos à venda para posterior edificação corram a denunciar a iminente destruição de um bem que entendem valioso. Pressionado, o órgão instaura um processo administrativo de tombamento que depois fica mais ou menos parado, sem incentivos para acabar. É estranho decisões assim precárias e provisórias congelarem indefinidamente a destinação de imóveis.

Questão relevante diz respeito ao período de tempo que o tombamento provisório conserva seus efeitos. Em regra, os efeitos do tombamento provisório persistem até que seja definitivamente concluído o processo administrativo, culminando com a decisão final da autoridade competente do Poder Executivo pelo tombamento ou não tombamento. Caso a decisão final seja pelo não tombamento, os efeitos do tombamento provisório não mais persistem, havendo, inclusive, a extinção de todos os efeitos dos atos administrativos realizados com fundamento no tombamento provisório, tais como aplicação de penalidades. Entretanto, o tombamento provisório não poderá ter efeitos permanentes, em razão da ausência de decisão definitiva no processo administrativo, após o decurso do prazo legal ou de lapso de tempo razoável.

Não há previsão na legislação pátria acerca do prazo máximo de vigência do tombamento provisório. Tramita na Câmara dos Deputados o Projeto de Lei nº 422/2024,[97] que propõe a fixação do prazo máximo de 90 (noventa) dias de vigência do tombamento provisório. Na Inglaterra,[98] o tombamento provisório, denominado de *"Building Preservation Notice* (BPN)", tem o prazo máximo de vigência de seis meses:

> *Local planning authorities have the power under section 3 of the 1990 Act to serve a Building Preservation Notice (BPN) on the owner and occupier of a building that is not listed, but which they consider to be: (a) of special architectural or historic interest; and (b) in danger of demolition or of alteration in such a way as to affect its character as a building of such interest. Local planning authorities choosing to serve a BPN must, at the same time, submit an application to the Secretary of State through Historic England for the building to be added to the statutory list. 27. Once a BPN has been served on*

---

[97] Câmara dos Deputados. *PL. 422/2024*. Disponível em: https://www.camara.leg.br/propostas-legislativas/2418616. Acesso em: 09 abr. 2024.
[98] UNITED KINGDOM. PRINCIPLES OF SELECTION FOR LISTED BUILDINGS. Disponível em: https://assets.publishing.service.gov.uk/media/5beef3c9e5274a2b0b4267e0/Revised_Principles_of_Selection_2018.pdf

the owner and occupier of the building to which it relates, it remains in force for six months, but will cease to be in force before that point if the Secretary of State lists the building or informs the local planning authority in writing that he does not intend to do so. Whilst the BPN is in force, the building is treated as if it were a listed Building.[99]

Hely Lopes Meirelles ensinava que o tombamento provisório "não pode ser protelado além do prazo legal, sob pena de a omissão ou retardamento transformar-se em abuso de poder, corrigível por via judicial".[100] No mesmo sentido já decidiu o Tribunal de Justiça do Estado de São Paulo:[101]

> REEXAME NECESSÁRIO – APELAÇÃO CÍVEL – TOMBAMENTO – Pretensão do reconhecimento da caducidade do processo de tombamento de imóvel localizado no Município de São Bernardo do Campo – Processo administrativo iniciado há mais de 17 anos Lei Municipal nº 2.610/1984 que prevê o prazo de 15 dias para a decisão final quanto ao processo de tombamento – Tombamento provisório que aguarda há mais de 5 anos decisão definitiva do Prefeito do Município – Morosidade administrativa que configura abuso de poder no caso – Precedentes – Caducidade reconhecida e ato administrativo anulado – Sentença mantida – Reexame necessário e recurso voluntário improvidos.

O Supremo Tribunal Federal,[102] por decisão plenária, rejeitou um pedido de suspensão de liminar contra decisão judicial que impunha ao

---

[99] "As autoridades de planejamento local têm o poder, nos termos da seção 3 da Lei de 1990, de enviar um Aviso de Preservação de Edifício (BPN) ao proprietário e ocupante de um edifício que não esteja listado, mas que considerem ser: (a) de arquitetura ou histórico especial interesse; e (b) em perigo de demolição ou de alteração de tal forma que afete o seu carácter de edifício de tal interesse. As autoridades de planeamento locais que optem por servir um BPN devem, ao mesmo tempo, apresentar um pedido ao Secretário de Estado através da Inglaterra Histórica, para que o edifício seja adicionado à lista legal. Uma vez notificado o BPN ao proprietário e ocupante do edifício a que diz respeito, este permanece em vigor durante seis meses, mas deixará de vigorar antes dessa data se o Secretário de Estado listar o edifício ou informar a autoridade de planejamento local por escrito que não pretende fazê-lo. Enquanto o BPN estiver em vigor, o edifício é tratado como se fosse um edifício classificado." (tradução livre)

[100] MEIRELLES, Hely Lopes. *Direito administrativo brasileiro*. 35. ed. São Paulo: Malheiros, 2009, p. 584

[101] TRIBUNAL DE JUSTIÇA DO ESTADO DE SÃO PAULO – Apelação / Remessa Necessária 1008520-54.2021.8.26.0564; Relator (a): Maria Laura Tavares; Órgão Julgador: 5ª Câmara de Direito Público; Foro de São Bernardo do Campo – 2ª Vara da Fazenda Pública; Data do Julgamento: 30/03/2023; Data de Registro: 30.03.2023.

[102] SUPREMO TRIBUNAL FEDERAL. SL 1633 MC-Ref, Relator(a): ROSA WEBER (Presidente), Tribunal Pleno, julgado em 22.08.2023, Processo eletrônico DJe-s/n DIVULG 01-09-2023 PUBLIC 04.09.2023

Município de Belo Horizonte a conclusão de processos de tombamento estagnados há mais de 17 (dezessete) anos:

> Ementa Suspensão de liminar. Conversão do referendo em julgamento final. Município de Belo Horizonte. Imóveis sujeitos ao tombamento provisório. Demora excessiva e injustificada. Cautelar deferida para determinar à Administração Pública municipal a conclusão final dos atos em até 90 (noventa) dias. Alegação de risco à "gestão do patrimônio cultural municipal". Suposta incapacidade estrutural e operacional para efetivação da ordem judicial. Ausência de plausibilidade jurídica. Morosidade imputável à própria Administração Pública. Direito dos administrados ao devido processo legal, à lealdade e à confiança administrativa e à duração razoável dos processos. 1. Busca o requerente sustar os efeitos de decisões judiciais que ordenaram ao Município de Belo Horizonte a conclusão final, em até 90 dias, de processos de tombamento provisório estagnados há mais de 17 (dezessete) anos. 2. Demora excessiva e injustificada, ofensiva aos direitos fundamentais das pessoas prejudicadas, destituídas da disponibilidade sobre o patrimônio, mediante atos atentatórios ao devido processo legal, à lealdade e à confiança dos administrados, à duração razoável do processo e ao direito de propriedade. 3. Situação de "caos na gestão do patrimônio cultural municipal" resultante de inércia e desídia imputáveis exclusivamente à própria Administração Pública municipal. 4. A interpretação da legislação municipal sobre tombamento e o exame da política municipal de cultura demandam análise incompatível com a natureza excepcional do instrumento de contracautela, envolvendo exame aprofundado da legislação ordinária e revolvimento do conjunto fático-probatório. 5. Suspensão denegada.

Entretanto, fica a questão: qual o prazo máximo que o tombamento provisório deve viger? Primeiramente, deve ser verificado o prazo máximo previsto em lei para a conclusão do processo administrativo de tombamento e, ultrapassado referido prazo, em regra, terá ocorrido a caducidade do tombamento, salvo justificativa adequada ou se a demora for ocasionada pelo proprietário do bem tombado.

Na legislação federal são previstos diversos prazos: i) notificação do proprietário para anuir ao tombamento, dentro do prazo de 15 (quinze dias), a contar do recebimento da notificação, ou para impugnar e oferecer dentro do mesmo prazo as razões de sua impugnação;[103] ii) apresentada a impugnação, far-se-á vista da mesma, dentro de outros 15 (quinze) dias fatais, ao órgão de que houver emanado a iniciativa do

---
[103] Art. 9º, 1, do Decreto-Lei nº 25/1937.

tombamento, afim de sustentá-la;[104] iii) remessa do processo ao Conselho Consultivo do Serviço do Patrimônio Histórico e Artístico Nacional, que proferirá decisão a respeito, dentro do prazo de 60 (sessenta dias), a contar do seu recebimento; iv) envio do processo para decisão final do Ministro de Estado da Cultura.[105]

A lei não prevê prazos para a remessa do processo ao Conselho Consultivo do Serviço do Patrimônio Histórico e Artístico Nacional, bem como para a decisão final do Ministro de Estado da Cultura. Entretanto, os atos em que os prazos não estão assinalados pela lei, em caso de tombamento provisório, deveriam ser realizados no espaço de tempo necessário ao trâmite do processo. Sônia Rabello assevera que:

> Há ainda que se ressaltar que os prazos não assinalados especificamente na lei, como o da remessa do processo ao Conselho para apreciação, não dão à administração possibilidade de abusar deste espaço de tempo. Nesse caso, a lei menciona que será "em seguida" e, portanto, estando entre dois prazos fatais, a remessa será feita dentro de um tempo razoável para se exarar um despacho e fazer a remessa do processo administrativo dentro dos trâmites burocráticos normais. A lei também não determinou prazos para os estudos de tombamento, mas feita a notificação, cuja consequência é o tombamento provisório, correm os prazos assinalados para impugnação, para sua resposta, o tempo razoável de remessa do processo ao Conselho e o prazo desta sua apreciação. A Lei 6.292/75 também não assinala prazo para a homologação do ministro; será aplicável, no caso, os prazos de tramitação e decisão razoavelmente avaliados ou, se houver, os prazos assinalados para os processos administrativos em geral. Para todas as hipóteses acima mencionadas, para as quais não há prazos assinalados na lei, aplicam-se os prazos gerais da administração para tramitação dos seus processos. Na falta destes, aplicar-se-ão os princípios da eficiência e da boa administração, que obrigam a administração a decidir em prazos razoáveis, apreciáveis pelo Judiciário os casos de eventual abuso de poder, quando a autoridade não decide ou não faz tramitar o processo regularmente.[106]

Não havendo prazo assinalado pela lei do tombamento, devem-se adotar os prazos da lei de processo administrativo. Conforme dispõe o art. 24 da Lei nº 9.784/1999, inexistindo disposição específica, os atos

---

[104] Art. 9º, 3, do Decreto-Lei nº 25/1937.
[105] Art. 1º da Lei nº 6.292/1975.
[106] Rabello, Sônia. *O Estado na preservação dos bens culturais*: o tombamento. Rio de Janeiro: IPHAN, 2009, p. 73-74.

do órgão ou autoridade responsável pelo processo e dos administrados que dele participem devem ser praticados no prazo de cinco dias, salvo motivo de força maior. Assim, conclui-se que o prazo para remessa do processo ao Conselho Consultivo do Serviço do Patrimônio Histórico e Artístico Nacional deveria ser de cinco dias. Esse prazo também deveria ser o de envio do processo para o Ministro de Estado da Cultura, para decisão final.

Anote-se que a verificação da ocorrência da caducidade não deve ser feita simplesmente pela somatória dos prazos previstos nas normas que disciplinam o processo administrativo. Fatores dos mais variados podem ocasionar a demora do andamento do processo administrativo. Pedidos de vista de interessados, intervenções de terceiros interessados, feriados, ausência de equipamentos e funcionários em número adequado nos órgãos de proteção ao patrimônio cultural, bem como outros fatos, podem ocasionar a demora no andamento do processo administrativo. Assim, em caso de demora, deve-se notificar o órgão de proteção para que, em prazo razoável, conclua os processos administrativos onde foram realizados os tombamentos provisórios e, apenas se não adotadas as providências, deve ser declarada a caducidade do tombamento.

Anote-se, entretanto, que mesmo que ocorra a caducidade do tombamento provisório, tal fato não impede o tombamento definitivo, que poderá a qualquer momento ser decretado. Decidiu o Superior Tribunal de Justiça que:

> O instituto do tombamento provisório não é fase procedimental precedente do tombamento definitivo. Caracteriza-se como medida assecuratória da eficácia que este poderá, ao final, produzir. A caducidade do tombamento provisório, por excesso de prazo, não prejudica o definitivo, Inteligência dos arts. 8º, 9º e 10º, do Decreto Lei 25/37.[107]

Entretanto, se o tombamento provisório caducar, os atos realizados a partir da caducidade até a decisão definitiva de tombamento não poderão ser objeto de sanção, pois nesse período o bem não estava sob objeto de proteção especial.

Anote-se que, *concluído o processo de tombamento perante o órgão de proteção, não mais caberia alegar a caducidade em razão da omissão da autoridade do Poder Executivo em decidir o tombamento de forma definitiva.*

---

[107] SUPERIOR TRIBUNAL DE JUSTIÇA. RMS n. 8.252/SP, relatora Ministra Laurita Vaz, Segunda Turma, julgado em 22.10.2002, DJ de 24.2.2003, p. 215.

Após a conclusão do processo de tombamento pelo IPHAN, com deliberação do Conselho Consultivo do Serviço do Patrimônio Histórico e Artístico Nacional pelo tombamento, a decisão final cabe ao Ministro de Estado da Cultura, na forma do art. 49 da Lei nº 9.784/1999, que deve decidir em até trinta dias, na forma do disposto no art. 49 da Lei nº 9.784/1999. No âmbito do Estado de São Paulo, após a conclusão do processo administrativo pelo CONDEPHAAT, a decisão final é do Secretário da Cultura, na forma do art. 139 do Decreto Estadual nº 13.426/1979, que deverá decidir em até vinte dias, conforme art. 32, VII, da Lei Estadual nº 10.177/1998.

A ausência de decisão final do Ministro da Cultura ou do Secretário de Estado, se concluído o processo de tombamento perante o órgão de proteção, tendo este deliberado pelo tombamento, não ocasiona a caducidade do tombamento. Os efeitos da proteção provisória decorrente da abertura do processo de tombamento persistem até a decisão final da autoridade competente. Entretanto, esta não poderia, de forma deliberada, deixar de decidir. Caso isso aconteça, deve-se aplicar as soluções que o direito apresenta aos casos de silêncio da autoridade administrativa.

A omissão da Administração Pública deve ser analisada, primeiramente, conforme a previsão da legislação. Conforme lição de Celso Antônio Bandeira de Mello, "nos casos em que a lei atribui dado efeito ao silêncio, o problema já está de *per si* resolvido".[108] A Lei nº 9.784/1999 não prevê qualquer consequência para a omissão da decisão.

Se o tombamento for considerado um ato discricionário, o silêncio não gera efeito algum; caberá ao interessado se socorrer do Poder Judiciário para que este determine à autoridade que se pronuncie, sob pena de multa diária. Nesse sentido é a lição de Heraldo Garcia Vitta:[109]

> (...) quando se cuidar de ato administrativo discricionário e a lei não prever o efeito da omissão estatal, ante o pedido do particular, se este ingressar no Judiciário, deverá fazê-lo apenas para que a autoridade administrativa se manifeste em prazo razoável, sob pena de multa diária; ou, a nosso ver, alternativamente, sob pena de reconhecimento do indeferimento da pretensão.

---

[108] MELLO, Celso Antônio Bandeira de. *Curso de direito administrativo*. 27. ed. São Paulo: Malheiros, 2010, p. 416.
[109] VITTA, Heraldo Garcia. O silêncio no direito administrativo. *Revista de Direito Administrativo*, v. 218, p. 113-138, 1999.

Diferentemente, caso se considere o tombamento um ato vinculado, seria possível que o Poder Judiciário suprisse a manifestação de vontade do Ministro da Cultura ou Secretário de Estado e decretasse o tombamento. Conforme Heraldo Garcia Vitta:[110]

> No caso de ato administrativo vinculado, ao contrário, se a lei não trouxer os efeitos legais diante da omissão do agente administrativo, o particular poderá solicitar diretamente ao juiz sua pretensão não atendida pela Administração. Isso porque, no próprio conceito de ato editado na competência vinculada, não há margem de liberdade ao administrador. critérios de conveniência ou oportunidade. Logo, o juiz poderá, simplesmente verificando o caso concreto, deferir ou indeferir o pedido do autor da ação.

Conforme demonstraremos abaixo, *existe uma discricionariedade mitigada no processo do tombamento*, razão pela qual, nos casos em que não houve decisão da autoridade competente, poderá qualquer interessado requerer ao Poder Judiciário que determine, em prazo razoável, à autoridade competente o pronunciamento de uma decisão, sob pena de multa diária. Entretanto, não poderia o Poder Judiciário suprir a omissão da autoridade do Poder Executivo omissa, declarando o tombamento. Como se trata de ato discricionário, o Poder Judiciário não poderá substituir a vontade da autoridade do Poder Executivo.

No Estado de São Paulo, a Lei Estadual nº 10.177/1998 prevê, como regra, que o silêncio equivale a uma decisão negativa;[111] dessa forma, um tombamento que foi decidido pelo órgão de preservação cuja decisão final não foi proferida no prazo legal, nem em prazo razoável, poderia ser considerado como rejeitado. Entretanto, mesmo nos casos em que a legislação que disciplina o processo administrativo atribui o efeito de indeferimento ao silêncio da autoridade competente para

---

[110] VITTA, Heraldo Garcia. O silêncio no direito administrativo. *Revista de Direito Administrativo*, v. 218, p. 113-138, 1999.

[111] Artigo 33 – O prazo máximo para decisão de requerimentos de qualquer espécie apresentados à Administração será de 120 (cento e vinte) dias, se outro não for legalmente estabelecido.
§1º – Ultrapassado o prazo sem decisão, o interessado poderá considerar rejeitado o requerimento na esfera administrativa, salvo previsão legal ou regulamentar em contrário.
§2º – Quando a complexidade da questão envolvida não permitir o atendimento do prazo previsto neste artigo, a autoridade cientificará o interessado das providências até então tomadas, sem prejuízo do disposto no parágrafo anterior.
§3º – O disposto no §1º deste artigo não desonera a autoridade do dever de apreciar o requerimento.

decidir, não poderá a omissão ser considerada como rejeição à proposta de tombamento. Não poderia a autoridade administrativa, sabedora da disciplina legal que atribui ao silêncio o efeito de indeferimento, omitir-se para rejeitar tacitamente a proposta de tombamento aprovada, com fundamento em trabalhos técnicos, pelo órgão de proteção. O tombamento é um ato discricionário, mas que deve ser objeto de decisão expressa e fundamentada, pois atinge de forma direta um direito fundamental, a propriedade, bem como se destina à garantia de outro direito fundamental, qual seja, o da preservação do patrimônio cultural. Dessa forma, independentemente da previsão constante da legislação que cuida do processo administrativo, o silêncio da autoridade competente não pode ser considerado como uma negativa ao tombamento proposto por órgão de proteção.

Por fim, deve-se ressaltar que, concluído o processo do tombamento perante o órgão de proteção ao patrimônio cultural, com sugestão de tombamento definitivo, os efeitos do tombamento provisório devem ser mantidos, independentemente do tempo decorrido.

2.7 Discricionariedade e vinculação no processo de tombamento

É controversa a questão acerca da discricionariedade ou vinculação do ato administrativo que decreta o tombamento de determinado bem. Segundo Maria Sylvia Zanella Di Pietro, a decisão de tombar seria discricionária:

> (...) colocamo-nos entre os que consideram o tombamento um ato discricionário (...) ocorre que o patrimônio cultural não é o único bem que compete ao Estado proteger. Entre dois valores em conflito, a Administração terá que zelar pela conservação daquele que de forma mais intensa afete os interesses da coletividade. Essa apreciação terá que ser feita no momento da decisão, diante do caso concreto; evidentemente, se nenhuma razão de interesse público obstar o tombamento, este deve ser feito; por isso mesmo, a recusa em fazê-lo deverá ser motivada, sob pena de transformar-se a discricionariedade em arbítrio que afronta a própria Constituição, na parte em que protege os bens de interesse público.[112]

---

[112] DI PIETRO, Maria Sylvia Zanella. *Direito administrativo*. 28. ed. São Paulo: Atlas, 2015, p. 188.

Entretanto, parte da doutrina entende ser o tombamento um ato vinculado. Conforme lição de Pontes de Miranda, "o ato estatal não é discricionário (...) há o pressuposto de ter valor artístico, ou histórico, ou de beleza natural, o bem que se tomba como monumento ou documento protegido".[113] Segundo José Roberto Pimenta Oliveira, "instaurado o processo de tombamento do bem, não há como alegar-se conveniência administrativa para afastar a conclusão do laudo técnico encartado nos autos que conclui pela existência de valor cultural apto a justificar a medida protetiva".[114] Antônio Augusto Queiroz Telles entende que o procedimento do tombamento é vinculado, mas o ato final, qual seja, a homologação pela autoridade competente, seria discricionário. Discorre o referido autor que "não resultaria qualquer perplexidade, se considerarmos que o *tombamento* se revela como procedimento, do qual o parecer é o ato vestibular, vinculado quanto à obrigatoriedade de sua edição e, a homologação que, embora vinculada ao parecer é, verdadeiramente, discricionária quanto à sua efetiva concretização".[115]

Irene Patrícia Nohara entende que, salvo se houver um valor cultural induvidoso, existirá discricionariedade no ato do tombamento:

> Não é todo bem que possui valor cultural induvidoso, tanto que a Administração constantemente se depara com situações indeterminadas, que, sob alguns aspectos, podem ser consideradas valiosas, mas sob outros há argumentos no sentido da desnecessidade de tombamento; nestas circunstâncias, pode-se reconhecer ao Poder Público margem de discricionariedade para optar pela conveniência e oportunidade de efetivação da medida.[116]

Ainda, segundo José dos Santos Carvalho Filho, havendo o reconhecimento de que existe interesse cultural na preservação do bem, não haveria discricionariedade; entretanto, a valoração de que o bem teria interesse cultural ou histórico seria discricionária:

---

[113] PONTES DE MIRANDA. *Comentários à Constituição de 1967, com a Emenda n. 1, de 1969.* Tomo VI. 2. ed. São Paulo: Revista dos Tribunais, 1972, p. 369.

[114] OLIVEIRA, José Roberto Pimenta. Atividade administrativa de ordenação da propriedade privada e tombamento: natureza jurídica e indenizabilidade. In: PIRES, Luís Manuel Fonseca; ZOCKUN, Maurício. *Intervenções do Estado.* São Paulo: Quartier Latin, 2008, p. 208-225.

[115] TELLES, Antônio A. Queiroz. *Tombamento e seu regime jurídico.* São Paulo: Revista dos Tribunais, 1992, p. 75.

[116] NOHARA, Irene Patrícia. *Direito administrativo.* 9. ed. São Paulo: Atlas, 2019, p. 838.

Sob o aspecto de que o tombamento há de ter por pressuposto a defesa do patrimônio cultural, o ato é vinculado, o que significa que o autor não pode praticá-lo apresentando motivo diverso. Está, pois, vinculado a essa razão. Todavia, no que concerne à valoração da qualificação do bem como de natureza histórica, artística etc. e da necessidade de sua proteção, o ato é discricionário, visto que essa avaliação é privativa da Administração.[117]

Com a devida vênia, discordamos dos autores que afirmam ser o tombamento um ato vinculado. O tombamento é um ato discricionário. A proteção ao patrimônio cultural é um dever. O tombamento é um dos vários instrumentos previstos no ordenamento jurídico para a proteção ao patrimônio cultural. A defesa do patrimônio cultural é um fim. O tombamento é um dos meios para esse fim. Assim, proteção ao patrimônio cultural e tombamento não se confundem.

A proteção ao patrimônio cultural é um dever do Estado, conforme decidiu o Superior Tribunal de Justiça:

> A proteção do patrimônio histórico-cultural, bem da Nação, é direito de todos e dever do proprietário e do Estado. Não se trata de modismo fortuito ou mero favor vanguardista em benefício da coletividade, mas de ônus inerente ao âmago do domínio e da posse em si, inafastável condição absoluta para sua legitimidade e reconhecimento pelo ordenamento jurídico. Com base nessa obrigação primária, decorrente da função memorativa do direito de propriedade, incumbe ao Estado instituir, in concreto, eficaz regime de limitações administrativas, portador de obrigações secundárias ou derivadas, utilizando-se, para tanto, de instrumentos variados, entre os quais o tombamento.[118]

Entretanto, a forma como será feita essa proteção depende da atuação da Administração Pública, que poderá, de forma discricionária, escolher qual o melhor instrumento de proteção ao patrimônio cultural. O tombamento, um dos meios de proteção ao patrimônio cultural, é um ato discricionário. No caso concreto, pode-se mostrar mais adequada a proteção do patrimônio cultural por outros instrumentos diversos do tombamento. E, por fim, poderá o tombamento se mostrar incompatível com outros valores assegurados pela Constituição Federal. Dessa forma, o tombamento é um ato discricionário.

---

[117] CARVALHO FILHO, José dos Santos. *Manual de direito administrativo*. 27. ed. São Paulo: Atlas, 2014, p. 819.
[118] SUPERIOR TRIBUNAL DE JUSTIÇA – REsp n. 1.791.098/RJ, relator Ministro Herman Benjamin, Segunda Turma, julgado em 23.4.2019, DJe de 2.8.2019.

2.7.1 Discricionariedade – noções gerais

Discricionariedade é a possibilidade de escolher o conteúdo do ato administrativo, dentre as alternativas que são atribuídas pela norma. Tal escolha pode incidir sobre a finalidade ou o conteúdo do ato, bem em certos casos, acerca da opção entre agir ou não agir, diante do caso concreto. Decorre a discricionariedade da deliberada intenção do Legislador ou do uso de conceitos jurídicos indeterminados.[119]

Quando a lei não deixa nenhuma margem de liberdade ao Administrador Público,[120] a este vai competir o mero trabalho de subsunção, não se podendo falar em discricionariedade, e sim em vinculação. No entanto, quando a lei permite que, segundo critérios de oportunidade, conveniência, justiça, equidade, razoabilidade e interesse público, o Administrador Público possa optar por uma das várias alternativas existentes e válidas, estamos diante da discricionariedade.[121] Da mesma forma, ao preencher o conteúdo dos conceitos jurídicos indeterminados, o Administrador também age no exercício da discricionariedade na medida em que faz uso de seu juízo pessoal para definir a indeterminação normativa.[122]

---

[119] "Discricionariedade é a margem de 'liberdade' que remanesça ao administrador para eleger, segundo critérios consistentes de razoabilidade, um, dentre pelo menos dois comportamentos, cabíveis perante cada caso concreto, a fim de cumprir o dever de adotar a solução mais adequada à satisfação da finalidade legal, quando, por força da fluidez das expressões da lei ou da liberade conferida no mandamento, dela não se possa extrair objetivamente uma solução unívoca para a situação vertente." (MELLO, Celso Antônio Bandeira de. *Curso de direito administrativo*. 22. ed. São Paulo: Malheiros, 2007, p. 936)

[120] "A lei, todavia, em certos casos, regula dada situação em termos tais que não resta para o administrador margem alguma de liberdade, posto que a norma a ser implementada prefigura antecipadamente com rigor e objetividade absolutos os pressupostos requeridos para a prática do ato e o conteúdo que este obrigatoriamente deverá ter uma vez ocorrida a hipótese legalmente prevista. Nestes lanços diz-se que há vinculação e, de conseguinte, que o ato a ser expedido é vinculado." (MELLO, Celso Antônio Bandeira de. *Curso de direito administrativo*. 22. Ed. São Paulo: Malheiros, 2007, p. 925)

[121] "(...) existe discricionariedade quando a lei deixa à Administração a possibilidade de, no caso, concreto, escolher entre duas ou mais alternativas, todas válidas perante o Direito. E essa escolha se faz segundo critérios de oportunidade, conveniência, justiça, equidade, razoabilidade, interesse público, sintetizados no que se convencionou chamar de *mérito* do ato administrativo." (DI PIETRO, Maria Sylvia Zanella. *In*: FIGUEIREDO, Marcelo. PONTES FILHO, Valmir. (orgs). *Estudos de direito público em homenagem a Celso Antônio Bandeira de Mello*. São Paulo: Malheiros, 2006, p. 481)

[122] "Reversamente, fala-se em discricionariedade quando a disciplina legal faz remanescer em proveito e a cargo do administrador uma certa esfera *de liberdade*, perante o quê caber-lhe-á preencher com seu juízo subjetivo, pessoal, o campo de indeterminação normativa, a fim de satisfazer no caso concreto a finalidade da lei." (MELLO, Celso Antônio Bandeira de. *Curso de direito administrativo*. 22. ed. São Paulo: Malheiros, 2007, p. 926)

A legislação federal que trata do procedimento do tombamento prevê uma competência discricionária para a decisão final sobre o tombamento. Conforme dispõe a Lei nº 6.292/1975:

> Art. 1º O tombamento de bens no Instituto do Patrimônio Histórico e Artístico Nacional (IPHAN), previsto no Decreto-Lei nº 25, de 30 de novembro de 1937, dependerá de homologação do Ministro de Estado da Educação de Cultura, após parecer do respectivo Conselho Consultivo.

A discricionariedade também é prevista na legislação dos Estados. No Estado de São Paulo, o Decreto nº 13.426/1979 prevê, em seu art. 139, que o tombamento se efetiva por Resolução do Secretário da Cultura, após ser proposto pelo Conselho de Defesa do Patrimônio Histórico, Artístico e Turístico do Estado – CONDEPHAAT, na forma do art. 2º, parágrafo único, I, da Lei nº 10.247/1968. No Estado do Rio de Janeiro, o art. 5º, §2º, da Lei nº 509/1981 prevê a possibilidade do Secretário de Estado de Educação e Cultura denegar o pedido de tombamento deliberado pelo Conselho Estadual de Tombamento, tornando sem efeito o tombamento provisório. No Estado de Minas Gerais, a Lei nº 5.7875/1971 prevê, em seu art. 4º, §1º, que o tombamento se realiza mediante homologação, pelo Secretário de Estado da Cultura, da proposta de tombamento aprovada pelo Conselho Curador.

Se o tombamento fosse um ato vinculado, não haveria qualquer sentido da legislação prever a competência final de uma autoridade do Poder Executivo para deliberar sobre o tombamento recomendado pelo órgão colegiado de proteção ao patrimônio cultural. Assim, a decisão política final no procedimento do tombamento pela efetivação definitiva deste é discricionária.

Destaca-se que a atividade discricionária não é ilimitada e nem extralegal.[123] Os limites estão contidos na própria lei que impede

---

[123] "Por diferencia com esa manera de actuar, el ejercicio de las potestades discrecionales de la Administración comporta um elemento sustancialmente diferente: La inclusion em el processo aplicativo de la Ley de uma estimación subjetiva de la propia Administración com la que se completa el cuadro legal que condiciona el ejercicio de la potestad o su contenido particular. Há de notarse, sin embargo, que esa estimación subjetiva no es uma faculdad extra-legal, que surja de um supuesto poder originario de la Administración, anterior o marginal al Derecho; es, por el contrario, uma estimacion cuya relevancia viene de haber sido llamada expressamente por la Ley que ha configurado la potestad y que se la há atribuido a la Administracion justamente com esse carácter." (GARCIA DE ENTERRIA, Eduardo e FERNÁNDEZ, Thomás-Ramón. Curso de derecho administrativo I. Madrid: Thomson Civitas, 2004, p. 461)

certas interpretações ao mesmo tempo que impõe outras.[124] Ou seja, a discricionariedade está vinculada à lei e dela depende para existir, sendo, assim, um poder juridicamente vinculado, conforme ensinamento de Hartmut Maurer:

> O poder discricionário não proporciona liberdade ou até arbitrariedade da administração. Não existe "poder discricionário livre", mas somente um "poder discricionário conforme o seu dever", ou melhor: um *poder discricionário juridicamente vinculado*.[125]

O ato final e definitivo que decreta o tombamento é um ato discricionário. Entretanto, trata-se de uma discricionariedade mitigada. Não se trata de mera conveniência e oportunidade. O patrimônio cultural é um direito fundamental. Logo, para que se possa deixar de proteger um bem que representa um direito fundamental, deve existir um outro direito fundamental a ser protegido que se mostraria, no caso concreto, incompatível com o tombamento. Assim, a discricionariedade ocorrerá na escolha do direito fundamental que deve prevalecer no caso concreto.

2.7.2 Conflito entre normas constitucionais – eventual conflito do tombamento com outros direitos fundamentais assegurados pela Constituição Federal

A preservação do patrimônio cultural não é um valor supremo em relação a outros também protegidos pelo ordenamento jurídico positivo. O patrimônio cultural é um direito fundamental que pode conflitar com outros direitos fundamentais. Havendo um conflito de direitos fundamentais, deve-se, no caso concreto, verificar qual deles deve prevalecer.

As normas materiais da Constituição podem entrar em conflito umas com as outras, sem que exista entre essas normas uma ordem de

---

[124] "Quais serão os limites do poder discricionário da Administração? Os limites são os da própria lei. O limite é a legalidade, e só a legalidade. Os limites do poder discricionário serão aqueles comandos legais que vedem certas interpretações das condições do agir e imponham certas outras". (QUEIRÓ, Afonso Rodrigues. Reflexões sobre a teoria do desvio de poder em direito administrativo. In: *Estudos de Direito Público* v. 1 – Dissertações. Coimbra, 1989, p. 141)

[125] MAURER, Harmut. *Direito administrativo geral*. São Paulo: Manole, 2006, p. 148.

primazia ou uma especificidade.¹²⁶ Ponderar é buscar a melhor decisão nos casos em que ocorra conflito de normas constitucionais. No caso concreto, uma das normas em conflito irá prevalecer sobre a outra, sem que isso implique que em outro caso não deva triunfar a contrária.

A necessidade de ponderação parte do pressuposto que não existem hierarquias internas na Constituição. As distintas normas constitucionais carecem de um peso autônomo e diferenciado. Somente uma aplicação da norma que seja compatível com as outras normas de igual estatura é a adequada à realização do intento do Poder Constituinte.

A regra enuncia uma conduta a ser seguida. Quando há colisão de regras, o sistema dá a solução do conflito pela aplicação do princípio da hierarquia, da especialidade, da temporalidade. Quando há colisão de regras da Constituição, de mesma hierarquia, elas devem ser ponderadas.

O procedimento para a ponderação deve ser assim realizado: cabe ao intérprete detectar no sistema as normas relevantes para a solução do caso, identificando eventuais conflitos entre elas. Após, deverá examinar os fatos, as circunstâncias concretas do caso e sua interação com os elementos normativos. Por fim, analisando as normas em conflito, decidir qual delas deve prevalecer em detrimento das outras. Anote-se que o afastamento de normas deve ser feito apenas na extensão e intensidade que se mostrar imprescindível à defesa do valor eleito como o prioritário.¹²⁷

Havendo conflito entre direitos fundamentais, deve-se utilizar os princípios da unidade da constituição e da concordância prática. Sobre o princípio da unidade da constituição, leciona Inocêncio Mártires Coelho:

> (...) as normas constitucionais devem ser vistas não como normas isoladas, mas como preceitos integrados num sistema unitário de regras e princípios, que é instituído na e pela própria constituição. Em consequência, a constituição só pode ser compreendida e interpretada corretamente se nós a entendermos como unidade, do que resulta, por outro lado, que em nenhuma hipótese devemos separar uma

---

[126] PIETRO SANCHIS, Luis. El juicio de ponderación constitucional. *In:* LAPORTA, Francisco J. *Constitución: problemas filosóficos.* Madrid: 2003, Centro de Estudios Políticos y Constitucionales, p. 230.

[127] A doutrina leciona que "a *ponderação* propriamente dita deve ser conjugada com as outras duas diretrizes, da *adequação* e da *necessidade*: o prejuízo do bem jurídico (que não irá prevalecer no caso concreto) não deve ir mais além do que requer o fim aprovado (a consecução do valor jurídico que irá prevalecer)". (TALAMINI, Eduardo. *Coisa julgada e sua revisão.* São Paulo: RT, 2005, p. 605)

norma do conjunto em que ela se integra, até porque – relembre-se o círculo hermenêutico – o sentido da parte e o sentido do todo são interdependentes.[128]

Sobre o princípio da concordância prática:

Intimamente ligado ao princípio da unidade da constituição, que nele se concretiza, o princípio da harmonização ou da concordância prática consiste, essencialmente, numa recomendação para que o aplicador das normas constitucionais, em se deparando com situações de concorrência entre bens constitucionalmente protegidos, adote a solução que otimize a realização de todos eles, mas ao mesmo tempo não acarrete a negação de nenhum.[129]

Assim, nos casos em que a proteção ao patrimônio cultural resultar em ofensa a outros direitos fundamentais assegurados pela Constituição Federal, caberá à autoridade competente decidir, de forma discricionária, qual o direito fundamental deverá prevalecer, podendo deixar de realizar o tombamento. Abaixo traremos exemplos de casos em que seria legítima a decisão pelo não tombamento.

2.7.2.1 Patrimônio cultural sem relevante interesse público

O conceito de patrimônio cultural deve, necessariamente, estar relacionado ao conceito de interesse público. Não havendo interesse público na preservação de um bem histórico, não poderá haver o uso dos instrumentos de proteção previstos no art. 216 da Constituição Federal. O tombamento ocasiona restrições ao direito de propriedade dos titulares do bem tombado e de terceiros (inseridos, por exemplo, na área envoltória do tombamento), razão pela qual somente deve ser utilizado se for relevante o interesse público na preservação do bem a ser tombado.

Uma das tarefas mais complexas é conceituar o interesse público. Conforme lição de Alice Gonzales Borges:

---

[128] COELHO, Inocêncio Mártires. Métodos-princípios de interpretação constitucional. *Revista de Direito Administrativo*, v. 230, p. 163-186, 2002.
[129] COELHO, Inocêncio Mártires. Métodos-princípios de interpretação constitucional. *Revista de Direito Administrativo*, v. 230, p. 163-186, 2002.

O interesse público é um somatório de interesses individuais coincidentes em torno de um bem da vida que lhes significa um valor, proveito ou utilidade de ordem moral ou material, que cada pessoa deseja adquirir, conservar ou manter em sua própria esfera de valores. Esse interesse passa a ser público, quando dele participam e compartilham um tal número de pessoas, componentes de uma comunidade determinada, que o mesmo passa a ser também identificado como interesse de todo o grupo, ou, pelo menos, como um querer valorativo predominante da comunidade.[130]

Além do interesse público, a ser definido no caso concreto, existe o denominado interesse público positivo, qual seja, aquele "interesse público contido e delimitado pela Constituição e pela lei, que já corresponde à expressão positiva do bem comum".[131]

Servindo-se das lições de Celso Antônio Bandeira de Mello,[132] pode-se afirmar que o interesse público se constitui no interesse do todo, do conjunto social e que não se confunde com a somatória dos interesses individuais. Não haveria, entretanto, um antagonismo entre interesses públicos e individuais; ainda segundo Celso Antônio Bandeira de Mello, pode existir um interesse público que se choque com um dado interesse individual, mas não com os interesses de cada um dos membros da sociedade. O interesse público, assim, seria a função qualificada dos interesses das partes, uma decorrência da dimensão dos interesses individuais, ou seja, dos interesses de cada indivíduo enquanto partícipe da sociedade. Assim, o interesse público é o resultante do conjunto dos interesses que os indivíduos pessoalmente têm quando considerados em sua qualidade de membros da sociedade e pelo simples fato de o serem.

Uma edificação pode ter uma relação histórica com uma determinada pessoa ou grupo de pessoas, mas sem interesse público. Uma casa que serviu de moradia aos ascendentes distantes de determinada família tem interesse histórico para os membros desta, mas não necessariamente interesse para a coletividade ou para grupos formadores da sociedade brasileira. Exemplificando: a casa do bisavô de determinada pessoa tem interesse histórico aos que fazem parte da

---

[130] BORGES, Alice Gonzales. Interesse público: um conceito a determinar. *Revista de Direito Administrativo*, Rio de Janeiro, v. 205, p. 109-116, jul. 1996.
[131] BORGES, Alice Gonzales. Interesse público: um conceito a determinar. *Revista de Direito Administrativo*, Rio de Janeiro, v. 205, p. 109-116, jul. 1996.
[132] MELLO, Celso Antônio Bandeira de. *Curso de direito administrativo*. 27. ed. São Paulo: Malheiros, 2010, p. 58-62.

família daquele, mas provavelmente não interessará a mais ninguém, não havendo motivos para realizar um tombamento de determinada edificação que irá gerar restrições a direitos individuais de pessoas que tiverem propriedades inseridas na área envoltória, bem como poderá resultar em vedações a planos públicos de requalificação urbana que poderiam ser realizados pelo Poder Público em benefício da coletividade. Também, poderá haver restrições aos agentes privados que atuam na construção civil, resultando em perdas de empregos, arrecadação de tributos e disponibilização de novas moradias.

Não é admissível que o tombamento seja um instrumento de satisfação de interesses particulares que não tenham dimensão coletiva. Por exemplo, não é admissível que moradores de determinada área da cidade tenham a pretensão de que seu bairro seja tombado para evitar a construção de novas edificações ou a realização de obras públicas, visando exclusivamente ao seu interesse como moradores em detrimento do interesse de toda a coletividade onde o bairro se insere. Conforme lição de Carlos Ari Sundfeld, "moradores de casas em vilas, para bloquear edificações grandes autorizadas pela lei urbanística, veem valor cultural em seu modo específico de viver".[133] Da mesma forma, o tombamento não pode servir de instrumento para que grupos com interesses políticos impeçam a realização de obras públicas e/ou planos públicos de urbanização ou requalificação urbana.

Assim, os bens relevantes ao patrimônio cultural que merecem especial proteção por meio do tombamento são somente aqueles onde se verifique que a preservação irá atender ao interesse público. Realizar o tombamento de um bem sem que exista um interesse público relevante pode ser contrário ao interesse da coletividade, que poderá ser privada de investimentos públicos e privados que poderiam fomentar o desenvolvimento econômico e social, em razão das restrições que o tombamento impõe à coletividade onde o bem tombado encontra-se inserido.

2.7.2.2 O desenvolvimento econômico x tombamento

Deve-se ressaltar que o tombamento pode ser um fator de desenvolvimento econômico e social. Bens que representam um período histórico da humanidade podem ser fonte de receitas, empregos e

---

[133] SUNDFELD, Carlos Ari. Até onde os tombamentos podem ir? *O Globo*. 19..01.2024. Disponível em: https://oglobo.globo.com/blogs/fumus-boni-iuris/post/2024/01/carlos-ari-sundfeld-ate-onde-os-tombamentos-podem-ir.ghtml. Acesso em: 20 fev. 2024.

desenvolvimento econômico e social. O Coliseu, na Itália, recebe 8 (oito) milhões de turistas por ano e gera emprego e renda para toda a cidade de Roma.[134] No Brasil, Paraty, cidade tombada, é um dos 10 (dez) destinos mais visitados por turistas estrangeiros no Brasil.[135] Na cidade de São Paulo, entre os pontos turísticos mais visitados, vários são bens tombados, como o Parque do Ibirapuera, a Catedral da Sé, o Teatro Municipal, a Estação da Luz e a Pinacoteca do Estado.[136] Dessa forma, não se deve sempre partir do pressuposto que todo bem tombado é uma fonte apenas de despesas; poderá o bem tombado ser também um gerador de riquezas.

Entretanto, o desenvolvimento econômico pode se mostrar contraditório com a necessidade de preservação do patrimônio cultural. Conforme lição de Francisco Octávio de Almeida Prado Filho, "destina-se o tombamento à proteção do patrimônio cultural, ainda que tal proteção seja instituída em detrimento de uma ocupação racional do uso do solo ou mesmo prejudique o desenvolvimento econômico ou a circulação de veículos de uma dada região".[137] No mesmo sentido, Edimur Ferreira de Faria alerta que:

> (...) a preservação do Patrimônio Cultural pode conflitar com o progresso e com a expansão urbana. A constante e progressiva demanda por novas moradias, estabelecimentos comerciais, prédios públicos e logradouros públicos sacrifica, ou até impede, a preservação da memória. Compatibilizar os dois interesses é missão difícil para o gestor público.[138]

O patrimônio cultural é um direito fundamental, insculpido no art. 216 da Constituição Federal. Entretanto, o desenvolvimento econômico também é um direito fundamental expressamente previsto

---

[134] COLISEU é eleito a atração mais popular do mundo; veja ranking das top 10. Disponível em: https://www.uol.com.br/nossa/viagem/noticias/2019/12/17/coliseu-e-eleito-atracao-mais-popular-do-mundo-veja-o-ranking-dos-10-mais.htm. Acesso em: 09 set. 2023.

[135] BRASIL. Estudo da Demanda Turística Internacional 2019. https://www.gov.br/turismo/pt-br/acesso-a-informacao/acoes-e-programas/observatorio/demanda-turistica/demanda-turistica-internacional-1. Acesso em: 09 set. 2023.

[136] Pontos turísticos mais visitados de São Paulo. Disponível em: https://www.guiadasemana.com.br/turismo/noticia/pontos-turisticos-mais-visitados-de-sao-paulo. Acesso em: 09 set. 2023.

[137] PRADO FILHO, Francisco Octávio de Almeida. Tombamento: espécie de servidão administrativa. In: PIRES, Luís Manuel Fonseca; ZOCKUN, Maurício. *Intervenções do Estado.* São Paulo: Quartier Latin, 2008, p. 263-271.

[138] FARIA, Edimur Ferreira de. O tombamento e seus reflexos. *Fórum de Direito Urbano e Ambiental – fdua*, Belo Horizonte, ano 17, n. 98, p. 46-65, mar./abril. 2018.

no art. 3º, II, da Constituição Federal, que deve ser fomentado pelo Estado.[139] O desenvolvimento não é o mero crescimento econômico. Conforme lição de Eros Grau,[140] "o processo de desenvolvimento deve levar a um salto, de uma estrutura social para outra, acompanhado da elevação do nível econômico e do nível cultural-intelectual comunitário". Sem o desenvolvimento, não ocorre a concretização do princípio da dignidade da pessoa humana.[141]

Em razão da sua íntima ligação com o princípio da dignidade da pessoa humana, o direito ao desenvolvimento é um direito fundamental reconhecido pela Assembleia Geral da Organização das Nações Unidas, conforme Declaração do Direito ao Desenvolvimento.[142] E cabe ao Estado promover as políticas públicas necessárias ao desenvolvimento:

> Artigo 2.3. Os Estados têm o direito e o dever de formular políticas de desenvolvimento nacionais adequadas, que visem a melhoria constante do bem-estar de toda a população e de todos os indivíduos, com base em sua participação ativa, gratuita e significativa no desenvolvimento e na distribuição dos benefícios resultantes disso.[143] (Tradução nossa)

---

[139] "Em outras palavras, à luz da atual Constituição da República Federativa do Brasil é possível concluir que o direito ao desenvolvimento é um direito fundamental que integra o nosso ordenamento jurídico-positivo". (ANJOS FILHO, Robério Nunes dos. *Direito ao desenvolvimento*. São Paulo: Saraiva, 2013, p. 267-268)

[140] GRAU, Eros. *A ordem econômica na Constituição de 1988*. 17. ed. São Paulo: Malheiros, 2015, p. 213.

[141] "O desenvolvimento nacional é indispensável para assegurar a disponibilidade de recursos destinados à realização dos direitos fundamentais, em cujo núcleo se encontra a dignidade humana. Portanto, os direitos e garantias previstos constitucionalmente dependem, em maior ou menor extensão, do desenvolvimento nacional". (JUSTEN FILHO, Marçal. Desenvolvimento nacional sustentado: contratações administrativas e o regime introduzido pela lei 12.349. *Informativo Justen, Pereira, Oliveira e Talamini*, Curitiba, nº 50, abril 2011, disponível em http://www.justen.com.br//informativo.php? l=pt&inform ativo=50&artigo=1077. Acesso em: 04 jul. 2017.

[142] "Art. 1. O direito ao desenvolvimento é um direito humano inalienável em virtude do qual toda pessoa humana e todos os povos têm direito a participar, contribuir e desfrutar do desenvolvimento econômico, social, cultural e político, no qual todos os direitos humanos e liberdades fundamentais possam ser plenamente realizados" (tradução nossa). "Art. 1. *The right to development is an inalienable human right by virtue of which every human person and all peoples are entitled to participate in, contribute to, and enjoy economic, social, cultural and political development, in which all human rights and fundamental freedoms can be fully realized.*"

[143] "*Article 2.3 States have the right and the duty to formulate appropriate national development policies that aim at the constant improvement of the well-being of the entire population and of all individuals, on the basis of their active, free and meaningful participation in development and in the fair distribution of the benefits resulting therefrom.*" (UNITED NATIONS. General Assembly. *Declaration on the Right to Development*. Disponível em: http://www.un.org/documents/ga/res/41/a41r128.htm. Acesso em: 09 jul. 2017).

Se a preservação do patrimônio cultural implicar o óbice à atividade estatal ou privada necessárias ao desenvolvimento econômico e social, deve haver a relativização de ambos os direitos fundamentais para que ambos possam, na medida do possível, ser fomentados sem um anular o outro. Não há hierarquia dentro do texto constitucional; a preservação do patrimônio cultural e o direito ao desenvolvimento econômico e social têm a mesma hierarquia como direitos fundamentais. Conforme lição de Luíz Roberto Barroso, "na harmonização de sentido de normas contrapostas, o intérprete deverá promover a *concordância prática* entre os bens jurídicos tutelados, preservando o máximo possível de cada um".[144]

Por exemplo, se a preservação de um conjunto urbano implicar a impossibilidade de realização de obras necessárias ao fomento da habitação popular, infraestrutura e outros equipamentos públicos relevantes para o atendimento do mínimo existencial das pessoas, deve haver uma relativização da proteção, permitindo as obras necessárias, com a menor alteração possível dos bens protegidos. Alerte-se que os instrumentos de proteção ao patrimônio cultural não devem ser utilizados com o denominado desvio de finalidade. Não poderá ser realizado o tombamento de determinada área com a finalidade de impedir o desenvolvimento econômico, tal como para impedir o crescimento de edificações verticais em determinado bairro. A disciplina do solo urbano deve ser objeto de leis municipais que disciplinem o uso do solo, não podendo o tombamento servir de meio para obstar atividades econômicas não vedadas por lei. Nesse sentido, Carlos Ari Sundfeld:

> (...) com tombamentos em massa inviabilizando edificações, outras regiões serão oneradas com o adensamento que mudará de lugar e novos investimentos públicos terão de ser direcionados para elas – sem contar que seus moradores antigos terão alterado seu modo tradicional de viver. A pergunta, aqui, é se é legítimo as ações dos órgãos de proteção do patrimônio terem esse tipo de impacto distributivo, além de afetarem de modo tão forte a capacidade de se fazer ou executar um planejamento urbano global.[145]

---

[144] BARROSO. Luís Roberto. *Curso de direito constitucional contemporâneo*. 7. ed. São Paulo: Saraiva, 2018, p. 344.

[145] SUNDFELD, Carlos Ari. Até onde os tombamentos podem ir? *O Globo*. 19.01.2024. Disponível em: https://oglobo.globo.com/blogs/fumus-boni-iuris/post/2024/01/carlos-ari-sundfeld-ate-onde-os-tombamentos-podem-ir.ghtml. Acesso em: 20 fev. 2024.

Dessa forma, no caso concreto, se a preservação do patrimônio cultural se mostrar um óbice ao desenvolvimento econômico e social, deve ser feita uma ponderação para decidir qual dos dois valores constitucionalmente protegidos terá prevalência. A depender do resultado da ponderação, um tombamento poderá deixar de ser realizado ou, se já existente, alterado para a viabilizar a realização de outro valor constitucionalmente assegurado. Nesse sentido, a Lei que rege o tombamento no Estado do Rio de Janeiro (Lei nº 509/1981) prevê, em seu art. 6º, que o bem tombado poderá ser destombado por ato do Governador do Estado ouvido o Conselho Estadual de Tombamento, por exigência indeclinável do desenvolvimento econômico e social do Estado. Não há supremacia entre os valores constitucionalmente garantidos, devendo, no caso concreto, ser adotada a solução que atenda a todos os valores constitucionais em conflito.

2.7.3 Destombamento

Segundo dispôs o Decreto-Lei nº 3.866/1941, artigo único, o Presidente da República, atendendo a motivos de interesse público, poderá determinar, de ofício ou em grau de recurso, interposto por qualquer legítimo interessado, seja cancelado o tombamento de bens pertencentes à União, aos Estados, aos municípios ou a pessoas naturais ou jurídicas de direito privado, feito no Serviço do Patrimônio Histórico e Artístico Nacional.

O Decreto-Lei nº 3.866/1941 foi recepcionado pela Constituição Federal de 1988, mas deve ser interpretado de acordo com esta, que expressamente declara o dever do Poder Público de proteger o patrimônio cultural (art. 216, §1º).

Verificado que não mais existe o fundamento de direito público que motivou o tombamento, pode-se cogitar do cancelamento deste. Conforme José dos Santos Carvalho Filho:

> Embora não seja comum, é possível que, depois do tombamento, o Poder Público, de ofício ou em razão de solicitação do proprietário ou de outro interessado, julgue ter desaparecido o fundamento que deu suporte ao ato. Reconhecida a ausência do fundamento, desaparece o motivo para a restrição ao uso da propriedade. Ocorrendo semelhante hipótese, o efeito há de ser o de desfazimento do ato, promovendo-se o *cancelamento do ato de inscrição*, fato também denominado por alguns de *destombamento*.[146]

---

[146] CARVALHO FILHO, José dos Santos. *Manual de direito administrativo*. 27. ed. São Paulo: Atlas, 2014, p. 822-823.

O tombamento pode ser anulado, pela própria Administração pública ou em razão de decisão judicial, no caso de comprovada ilegalidade no processo administrativo em que foi proferida a decisão da autoridade competente. Poderá também ser considerado extinto em razão da perda do objeto, tal como a destruição completa de um bem tombado.

Poderá o tombamento ser revogado, isto é, desfeito por razões de conveniência e oportunidade, desde que fundado em outro interesse público, protegido pela Constituição Federal, tão relevante como a proteção do patrimônio cultural. Por exemplo, poderá o ato administrativo do tombamento ser revisto em razão da mudança da sociedade e dos valores desta. O interesse coletivo muda em razão do tempo. Determinado bem ou costume pode ser relevante ao interesse coletivo em determinada época e não o ser em outra. Um fato histórico pode se tornar incompatível com a evolução da sociedade. Por exemplo, a denominada "farra do boi", festa tradicional e ligada à história de determinada região do Brasil, foi considerada pelo Supremo Tribunal Federal como incompatível com a vedação de submissão de animais à tortura:

> COSTUME – MANIFESTAÇÃO CULTURAL – ESTÍMULO – RAZOABILIDADE – PRESERVAÇÃO DA FAUNA E DA FLORA – ANIMAIS – CRUELDADE. A obrigação de o Estado garantir a todos o pleno exercício de direitos culturais, incentivando a valorização e a difusão das manifestações, não prescinde da observância da norma do inciso VII do artigo 225 da Constituição Federal, no que veda prática que acabe por submeter os animais à crueldade. Procedimento discrepante da norma constitucional denominado "farra do boi".[160]

Da mesma forma, uma estátua ou monumento que hoje representa um fato histórico relevante para a sociedade pode ser tornar incompatível com os valores atuais desta. Temos vários exemplos no mundo da retirada, derrubada ou destruição de monumentos antes considerados como relevantes, tais como as estátuas de Saddam Hussein no Iraque, de Vladimir Lênin das ex-repúblicas soviéticas, de Muamar Kadafi na Líbia e de Francisco Franco na Espanha.[147] Tais exemplos

---

[147] DERRUBADAS de estátuas famosas que marcaram o mundo. *O Globo*. Disponível em: https://oglobo.globo.com/mundo/derrubadas-de-estatuas-famosas-que-marcaram-mundo-21708646. Acesso em: 03 nov. 2023.

retratam mudanças históricas que fazem determinados bens culturais se tornarem incompatíveis com o interesse público. No Brasil poderá ocorrer o mesmo fenômeno: poderá a sociedade rever o interesse público em manter monumentos que homenageiem pessoas que, apesar de ligadas a fatos históricos relevantes, cometeram atos incompatíveis com os valores atuais da sociedade, tais como aproveitamento da escravidão e prática de atos ditatoriais.

Anote-se que na Inglaterra[148] é expressamente prevista a possibilidade de destombamento em razão de uma nova compreensão da importância histórica e arquitetônica de determinado bem:

> *The Secretary of State will remove a building from the list if it no longer meets the statutory criteria. This may be because of new evidence or understanding of the special architectural or historic interest of the building, or a material change of circumstances (for example, the authorised demolition of a building).*[149]

Por fim, poderá haver outras razões de interesse público que justifiquem a revogação do tombamento, desde que fundadas na necessidade de proteção de outros direitos fundamentais assegurados pela Constituição Federal. A necessidade de permitir atos do poder público ou da iniciativa privada que resultem em desenvolvimento econômico e social que estariam vedados pelo tombamento pode ser um fundamento para sua revogação. Suponha-se, por exemplo, a necessidade de se implementar uma obra de infraestrutura de transportes que esteja obstada por um bem tombado que vai solucionar as grandes dificuldades de mobilidade de uma grande parcela da população; não havendo outra solução tecnicamente viável, deve-se revogar o tombamento, com as medidas necessárias para a conservação da memória do bem, para que se possa viabilizar o direito social ao transporte assegurado pelo art. 6º da Constituição Federal.

Persistindo o interesse relativo ao patrimônio histórico, artístico, turístico ou paisagístico, em regra, não pode o tombamento ser desfeito.

---

[148] (UNITED KINGDOM. PRINCIPLES OF SELECTION FOR LISTED BUILDINGS. Disponível em: https://assets.publishing.service.gov.uk/media/5beef3c9e5274a2b0b4267e0/Revised_Principles_of_Selection_2018.pdf

[149] "O Secretário de Estado retirará um edifício da lista de bens especialmente protegidos se este deixar de cumprir os critérios legais. Isso pode ser devido a novas evidências ou compreensão do especial interesse arquitetônico ou histórico do edifício, ou uma mudança material de circunstâncias (por exemplo, a demolição autorizada de um edifício)." (Tradução livre)

Não existe discricionariedade livre entre proteger ou não o patrimônio cultural brasileiro. Trata-se de um dever que somente poderá ser afastado se for destinado a proteger outro direito constitucionalmente também assegurado pela Constituição Federal.

2.8 Controle judicial do tombamento

A definição se o ato do tombamento é discricionário ou vinculado resulta na definição da abrangência do controle jurisdicional sobre ele. Se o ato administrativo que determina o tombamento for considerado discricionário, não poderia o Judiciário interferir em sua conveniência e oportunidade, bem como em sua extensão. Entretanto, mesmo que seja considerado discricionário, existem aspectos que podem ser objeto de controle jurisdicional.

Os elementos do ato administrativo são: i) sujeito: ato realizado por agente público competente; ii) forma: formalidades essenciais à existência ou seriedade do ato; iii) objeto: resultado pretendido pelo ato; iv) motivo: fatos e fundamentos jurídicos do ato estatal; v) finalidade: a realização do interesse público previsto na norma.

Há elementos do ato administrativo que são sempre vinculados. Mesmo nos atos administrativos discricionários, os elementos competência, forma e finalidade são sempre vinculados. Conforme lição de Hely Lopes Meirelles, nos atos vinculados "a lei confia à Administração a escolha e valoração dos motivos e do objeto".[150] No mesmo sentido, Irene Patrícia Nohara leciona que "discricionariedade geralmente consiste apenas na possibilidade de a Administração valorar os motivos e selecionar o objeto do ato, quando a lei lhe permite decidir sobre a conveniência e oportunidade do ato administrativo".[151]

O tombamento é um ato administrativo e deve ser motivado. Conforme lição da doutrina, "o *tombamento*, como ato administrativo, requer motivação, isto é, a exposição das justificativas das razões da sua edição".[152] Também, como todo ato administrativo, o tombamento deve visar ao atendimento do interesse público. Conforme lição da

---

[150] MEIRELLES, Hely Lopes. *Direito administrativo*. 35. ed. São Paulo: Malheiros, 2009, p. 158.
[151] NOHARA, Irene Patrícia. *Direito administrativo*. 9. ed. São Paulo: Atlas, 2019, p. 219.
[152] TELLES, Antônio A. Queiroz. *Tombamento e seu regime jurídico*. São Paulo: Revista dos Tribunais, 1992, p. 69.

doutrina, "se não ficar plenamente caracterizado o interesse público, no *tombamento*, o ato administrativo poderá ser desfeito pelo Poder Judiciário".[153]

Somente o órgão incumbido, conforme previsão legal, do dever de proteger o patrimônio cultural pode realizar tombamentos. Se o processo administrativo do tombamento estiver sendo conduzido por órgão estatal sem a competência específica para a preservação do patrimônio cultural, ocorrerá o vício da incompetência. No que se refere ao ente federativo, a União, os Estados, o Distrito Federal e os Municípios detêm competência para realizar tombamentos, em conformidade com o art. 23, III, da Constituição Federal.

A forma é uma ferramenta de controle da legalidade do tombamento. Este deve ser realizado dentro de um processo administrativo que deve seguir todo o procedimento previsto em lei. Se ocorrer qualquer inobservância do devido processo legal do tombamento, poderá ocorrer a decretação de nulidade pelo Poder Judiciário, com fundamento no art. 5º, LIV da Constituição Federal.

Outro controle possível é mediante a aplicação da teoria dos motivos determinantes. Os fatos que fundamentam o tombamento devem existir; caso não existam, o tombamento é nulo. Nesse sentido, a Hely Lopes Meirelles ensina que "se o tombamento é decretado por *motivo histórico*, permanece o ato se a história, realmente, justifica a medida, mas o procedimento se anula, se se prova que o bem nada tem de histórico".[154]

Outro aspecto que enseja o controle jurisdicional é a finalidade do tombamento. Cada ato administrativo tem uma finalidade. Existe uma finalidade geral: o interesse público. Existe, também, uma finalidade específica: o resultado querido pelo legislador ao prever a competência para a prática do ato. O Administrador, ao praticar o ato, mesmo no uso da competência discricionária, deve se ater à finalidade do ato, seja a geral, seja a específica. Caso o ato seja praticado com uma finalidade diferente da prevista em lei, ocorre o chamado *excesso de poder*.[155]

---

[153] TELLES, Antônio A. Queiroz. *Tombamento e seu regime jurídico*. São Paulo: Revista dos Tribunais, 1992, p. 71.

[154] CRETELLA JÚNIOR, José. *Comentários à Constituição Brasileira de 1988*. 2. ed. Vol. VIII. Arts. 170 a 232. Rio de Janeiro: Forense Universitária, 1993, p. 4454.

[155] "*Excesso do poder discricionário* existe quando a autoridade escolhe uma consequência jurídica não mais situada no quadro da prescrição do poder discricionário." (HARTMUT MAURER. *Direito administrativo geral*. São Paulo: Manole, 2006, tradução de Luiz Afonso Heck, p. 149)

O excesso de poder abrange os atos praticados fora do âmbito de competência do agente, bem como os praticados dentro da competência do agente, porém, com finalidade diversa do que deveria atender.[156] Deve o agente somente praticar os atos que estejam dentro do âmbito de sua competência, bem como interpretar corretamente a norma que lhe atribui a competência, não dando por existentes fatos que não ocorreram, nem qualificando mal as circnstâncias ocorridas, devendo, sempre, buscar o interesse público. Nesse sentido é a lição de Queiró:

> Se a autoridade administrativa viola as normas que limitam o número ou série dos comportamentos entre os quais ela pode escolher; se contraria a norma que anuncia as circunstâncias em que o seu poder discricionário deve ser exercido, interpretando mal a previsão legislativa, qualificando mal as circunstâncias verificadas ou dando como existentes circunstâncias que se não verificam; se, no exercício de um poder discricionário, finalmente, se apóia em circunstâncias que não têm correspondência com o interesse público específico a prosseguir ou que, tendo-a, efetivamente se não verificam – os atos assim praticados dizem-se afetados do vício de *violação de lei* (ou de regulamento).[157]

Mesmo que o agente se atenha dentro da área de sua competência, deve cumprir a finalidade geral do ato, atendendo ao interesse público (finalidade geral) e à finalidade específica do ato, sob pena de incorrer em desvio de finalidade. Não basta que o agente esteja cumprindo uma finalidade pública; deve atender também à finalidade específica do ato, bem como agir somente visando o benefício público, e não os benefícios individuais que o ato, eventualmente, possa ocasionar.[158]

---

[156] "Todo ato administrativo praticado por agente incompetente ou além de sua competência incorre em vício de *excesso de poder* (*excès de pouvoir*) assim como qualquer ato que desatenda à moralidade e aos fins administrativos invalida-se pelo *desvio de poder* (*détournement de pouvoir*) (...)" (HELY LOPES MEIRELLES. *Direito administrativo brasileiro*. 26. ed. São Paulo: Malheiros, p. 667)

[157] QUEIRÓ, Afonso Rodrigues. Os limites do poder discricionário das autoridades administrativas. *Revista de Direito Administrativo*, nº 97, p. 7.

[158] "Para se falar de competência ou do seu contrario, a incompetência, é claro que é mister encontrarmo-nos perante *interesses públicos*, isto é, interesses que a lei confiou a qualquer das grandes funções do Estado: a legislação, a jurisdição, ou a execução. Se, além de um especial *interesse público*, a autoridade realiza também um *interesse particular*, seu ou de outrem, não é já *incompetente*; nesse caso realiza um duplicidade de interesses: realiza um interesse particular acessório, decorrente da realização de um interesse público. Em toda actividade administrativa, como actividade pública, há isso de característico: existe um benefício da comunidade e, portanto, dos administrados. O interesse público vai partilhar-se entre os particulares, *difunde-se* sob a forma de vantagens singulares. O funcionário deve agir na zona do interesse público que lhe é confiada, e aqui deve ainda

Assim, o agente, para não incorrer no desvio de poder, deve se ater à sua competência, bem como respeitar a finalidade geral e específica do ato, sem visar ao interesse particular que o ato possa ocasionar.

A teoria do desvio de poder aplica-se ao tombamento. Este não pode ser uma ferramenta para a consecução de objetivos não permitidos pelo instituto. O tombamento não pode ser utilizado para, por exemplo, impedir a alienação de um bem, sua concessão ou qualquer uso legítimo a ser realizado pelo proprietário. Também, não poderá o tombamento ser utilizado para regular o uso do solo urbano, matéria de competência da legislação municipal. Requerimentos para tombamento de um imóvel ou área que nunca foram feitos anteriormente, apresentados após uma decisão governamental de alienação, concessão ou venda de determinado bem são indícios de desvio de finalidade do tombamento. Da mesma forma, pedido de tombamento realizado visando a impedir a expansão do mercado imobiliário e verticalização de bairros, em razão do grande número de lançamento de empreendimentos imobiliários, também indicam o uso do tombamento para finalidade para a qual não se presta. É legítima a oposição a projetos governamentais, bem como contra a exagerada verticalização de bairros, mas os atos contra tais medidas devem ser obtidos no local adequado, perante o legislador. O tombamento não pode se tornar um meio para a obtenção de fins não obtidos perante o legislador, para obstar políticas públicas, o desenvolvimento econômico ou atividades econômicas não vedadas em lei, tendo em vista o princípio da livre iniciativa, albergado no art. 170, *caput*, da Constituição Federal.

O tombamento é um ato discricionário. Entretanto, a discricionariedade do tombamento é limitada. Existe um direito fundamental a ser protegido pelo tombamento. Entretanto, como todo direito fundamento, a proteção do patrimônio cultural não tem uma supremacia sobre outros direitos fundamentais também previstos na Constituição Federal. Dessa forma, além do controle dos aspectos vinculados de todos os atos administrativos, poderá o Poder Judiciário analisar se o uso da discricionariedade no tombamento foi realizado de forma compatível com o texto constitucional.

---

agir, por assim dizer, sem a *consciência* de que o interesse público se difunda parcialmente, injustamente, sem a intenção, sem o fim de beneficiar mais este ou aquele." (QUEIRÓ, Afonso Rodrigues. *Reflexões sobre a teoria do desvio de poder em direito administrativo*. Estudos de Direito Público v. 1 Dissertações. Coimbra, 1989, p. 171.

2.9 Tombamento determinado pelo Poder Judiciário e pelo Poder Legislativo – limites e possibilidades

A Constituição Federal, no art. 216, §5º, realizou o tombamento de todos os documentos e sítios detentores de reminiscências históricas dos antigos quilombos. O Poder Constituinte Originário não tem limites jurídicos, podendo, assim, determinar tombamentos de bens. Entretanto, poderia a lei infraconstitucional determinar um tombamento? Seria possível um tombamento ser determinado pelo Poder Judiciário?

O tombamento deve ser realizado por ato administrativo, precedido de contraditório e ampla defesa. Trata-se de ato privativo do Poder Executivo. Não há competência do Poder Legislativo e do Poder Judiciário para realizarem o tombamento, atividade tipicamente administrativa, sob pena de ofensa ao princípio da separação dos Poderes. Nesse sentido, decidiu o Supremo Tribunal Federal que:

> O tombamento é constituído mediante ato do Poder Executivo que estabelece o alcance da limitação ao direito de propriedade. Incompetência do Poder Legislativo no que toca a essas restrições, pena de violação ao disposto no artigo 2º da Constituição do Brasil.[159]

No mesmo sentido, leciona José dos Santos Carvalho Filho:

> O tombamento é ato tipicamente administrativo, através do qual o Poder Público, depois de concluir formalmente no sentido de que o bem integra o patrimônio público nacional, intervém na propriedade para protegê-lo de mutilações e destruições. Trata-se de atividade administrativa, e não legislativa. Além do mais, o tombamento só é definido após processo administrativo no qual, frequentemente, há conflito de interesses entre o Estado e o particular. Resulta daí que o ato de tombamento é passível de exame quanto à legalidade de seus vários elementos, como o motivo, a finalidade, a forma etc. Ora, a lei que decreta um tombamento não pressupõe qualquer procedimento de controle desse ato, o que seria absurdo mesmo diante da circunstância de ser a lei, nesse caso, qualificada como *lei de efeitos concretos*, ou seja, a lei que, embora tenha a forma de lei, representa materialmente um mero ato administrativo.[160]

---

[159] SUPREMO TRIBUNAL FEDERAL. ADI 1706, Relator(a): Eros Grau, Tribunal Pleno, julgado em 09/04/2008, DJe-172 DIVULG 11-09-2008 PUBLIC 12-09-2008 EMENT VOL-02332-01 PP-00007.
[160] CARVALHO FILHO, José dos Santos. *Manual de direito administrativo*. 27. ed. São Paulo: Atlas, 2014, p. 821.

Entretanto, cumpre ressaltar que há decisão do Supremo Tribunal Federal pela admissibilidade do tombamento realizado pelo Poder Legislativo e Judiciário:

> Agravo regimental em recurso extraordinário. 2. Direito Administrativo. 3. Ação civil pública. Bem público. Prédio central da UFPR. Reconhecimento do seu valor histórico e cultural. Necessidade de tombamento pelo IPHAN. O art. 216, §1º, da CF abrange não apenas o Poder Executivo, mas também os Poderes Legislativo e Judiciário. 4. Inexistência de argumentos capazes de infirmar a decisão agravada. 5. Negado provimento ao agravo regimental e, tendo em vista a ausência de fixação de honorários pela origem, não se aplica o disposto no §11 do art. 85 do CPC.[161]

Entretanto, em que pese o precedente acima, não se deve confundir a competência para o tombamento, ato de competência exclusiva da Administração Pública, com a defesa do patrimônio cultural, este um direito fundamental que pode ser defendido por diversos legitimados por meio do uso dos instrumentos processuais adequados. O patrimônio cultural, direito fundamental de terceira geração, pode ser regulamentado por lei e defendido por meio de ação judicial proposta pelo Ministério Público e demais interessados. Nesse sentido, decidiu o Superior Tribunal de Justiça que:

> (...) O Ministério Público e outros sujeitos intermediários têm legitimidade ampla para promover Ação Civil Pública em defesa do patrimônio cultural, histórico, estético, artístico, turístico e paisagístico, irrelevante seja o bem material ou imaterial, particular ou público, tombado, em fase de tombamento ou não tombado, assim como exista ou não licença ou autorização da Administração para o comportamento impugnado.[162]

A decisão do Poder Judiciário, entretanto, não poderá, sob pena de ofensa ao princípio da Separação dos Poderes, determinar o tombamento de determinado bem, podendo, entretanto, determinar a sua proteção provisória para que o órgão de proteção competente possa decidir, na forma do procedimento previsto em lei, pela proteção

---

[161] SUPREMO TRIBUNAL FEDERAL. RE 1099660 AgR, Relator(a): Gilmar Mendes, Segunda Turma, julgado em 27.09.2019, Processo eletrônico DJe-219 DIVULG 08-10-2019 PUBLIC 09-10-2019.

[162] SUPERIOR TRIBUNAL DE JUSTIÇA. REsp n. 1.538.384/MG, relator Ministro Herman Benjamin, Segunda Turma, julgado em 8.11.2016, DJe de 28.8.2020.

do bem. Da mesma forma, a lei que determina o tombamento deve ser interpretada como uma indicação feita pelo Poder Legislativo ao órgão do Poder Executivo da relevância cultural de determinado bem, para que ele possa dar início ao processo de tombamento. A lei, bem como a decisão judicial, deve unicamente ocasionar a denominada proteção provisória enquanto não concluído o estudo de tombamento perante o órgão competente do Poder Executivo.

Decidiu o Supremo Tribunal Federal que a lei que determina o tombamento deve ser considerada um ato de efeitos concretos, com a única finalidade de assegurar provisoriamente a proteção do bem, até que o órgão competente possa decidir pelo tombamento:

> Ementa: AÇÃO DIRETA DE INCONSTITUCIONALIDADE. LEI 312/2016, DO ESTADO DO AMAZONAS, QUE DISPÕE SOBRE O TOMBAMENTO DAS EDIFICAÇÕES DE PROJETOS DO ARQUITETO SEVERIANO MÁRIO VIEIRA DE MAGALHÃES PORTO. PROTEÇÃO DO PATRIMÔNIO HISTÓRICO-CULTURAL. ART. 216, §1º DA CF. COMPETÊNCIA COMUM DE PROTEGER OBRAS E BENS. TOMBAMENTO PROVISÓRIO. ATO NORMATIVO DE EFEITOS CONCRETOS DO PODER LEGISLATIVO. POSSIBILIDADE. AUSÊNCIA DE RAZÕES PARA SUPERAÇÃO DO PRECEDENTE FIRMADO NO JULGAMENTO DA ACO 1.208-AGR/MS, REL. MIN. GILMAR MENDES. INOCORRÊNCIA DE INVASÃO DE COMPETÊNCIA DO PODER EXECUTIVO. POSTERIOR OBSERVÂNCIA DO PROCEDIMENTO CONSTANTE DO DECRETO-LEI 25/1937. GARANTIA DA AMPLA DEFESA E DO CONTRADITÓRIO. AÇÃO DIRETA DE INCONSTITUCIONALIDADE JULGADA IMPROCEDENTE. I – A previsão constitucional de proteção do patrimônio histórico-cultural brasileiro possui relevante importância no direcionamento de criação de políticas públicas e de mecanismos infraconstitucionais para a sua concretização (art. 216, §1º da CF). II – A Constituição outorgou a todas as unidades federadas a competência comum de proteger as obras e bens de valor histórico, artístico e cultural, compreendida nela a adoção de quaisquer medidas que se mostrem necessárias para promover e salvaguardar o patrimônio cultural brasileiro, incluindo-se o uso do instrumento do tombamento. III – Ao julgar a ACO 1.208-AgR/MS, de relatoria do Ministro Gilmar Mendes, suplantando entendimento anterior em sentido oposto, o Plenário do Supremo Tribunal Federal, dentre outras deliberações, entendeu possível o tombamento de bem por meio de lei. IV – Assim, ainda que não tenha sido proferido em controle concentrado, entendo que não há razões para superar o entendimento firmado na ACO 1.208-AgR/MS, seja porque não houve discussões recentes a respeito do tema, seja porque transcorridos pouco mais de 3 anos daquele julgamento, cujo

elevado score contou com apenas um voto divergente. V – O legislador estadual não invadiu a competência do Poder Executivo para tratar sobre a matéria, mas exerceu atribuição própria de iniciar o procedimento para tombar bens imóveis com a finalidade de proteger e promover o patrimônio cultural amazonense. VI – Com base no entendimento fixado na deliberação da ACO 1.208-AgR/MS, considera-se a Lei 312/2016, do Estado do Amazonas, de efeitos concretos, como o ato acautelatório de tombamento provisório a provocar o Poder Executivo local, o qual deverá perseguir, posteriormente, o procedimento constante do Decreto-Lei 25/1937, sem descurar da garantia da ampla defesa e do contraditório, previstas nos arts. 5º ao 9º do referido ato normativo. VII – O Poder Executivo, ainda que esteja compelido a levar adiante procedimento tendente a culminar no tombamento definitivo, não se vincula à declaração de reconhecimento do valor do bem como patrimônio cultural perfectibilizada pelo Poder Legislativo VIII – Ação direta de inconstitucionalidade julgada improcedente.[163]

Assim, conclui-se que a defesa do patrimônio cultural não é atividade privativa do Poder Executivo, podendo ser exercida pelo Ministério Público, pela Defensoria Pública, pelo Poder Legislativo e também pelo cidadão, por meio de ação popular (art. 5º, LXXIII, da Constituição Federal. O Poder Legislativo poderá legislar sobre o tombamento, mediante normas jurídicas gerais, bem como de forma concreta, indicando que determinado bem seria relevante ao patrimônio cultural. Entretanto, não poderá o Poder Legislativo realizar o ato de tombar determinado bem, pois tal competência é exclusiva do Poder Executivo. O Poder Judiciário poderá determinar medidas protetivas, desde que provisórias, para a defesa do patrimônio cultural, não podendo, entretanto, substituir o Poder Executivo, tendo em vista que o tombamento é atividade tipicamente administrativa que não pode ser exercida por outro Poder, sob pena de ofensa ao art. 2º da Constituição Federal. Eventual omissão dos órgãos de proteção ao patrimônio cultural poderá resultar na aplicação de sanções administrativas, cíveis e penais aos agentes públicos responsáveis. Entretanto, mesmo a omissão do órgão de proteção ao patrimônio cultural não legitima o exercício pelo Poder Judiciário e/ou pelo Poder Legislativo de função típica do Poder Executivo.

---

[163] SUPREMO TRIBUNAL FEDERAL. ADI 5670, Relator(a): Ricardo Lewandowski, Tribunal Pleno, julgado em 11.10.2021, Processo eletrônico DJe-212 DIVULG 25.10.2021 PUBLIC 26.10.2021.

CAPÍTULO 3

EFEITOS DO TOMBAMENTO

Neste capítulo, serão abordados os diversos efeitos diretos e indiretos do tombamento de um determinado bem. O tombamento ocasiona uma série de consequências jurídicas e práticas que incidem sobre proprietário e possuidores do bem tombado, Poder Público, terceiros e coletividade. Dessa forma, decorrem do tombamento diversas relações jurídicas que consubstanciam deveres de abstenção e de ação, bem como responsabilidades que merecem um tratamento específico.

Sobre os efeitos do tombamento, assim se manifestou o Superior Tribunal de Justiça:

> Emanação da função memorativa do direito de propriedade, o tombamento, voluntário ou compulsório, produz três órbitas principais de efeitos. Primeiro, acarreta afetação ao patrimônio histórico, artístico e natural do bem em tela, com a consequente declaração sobre ele de conjunto de ônus de interesse público, sem que, como regra, implique desapropriação, de maneira a assegurar sua conservação para a posteridade. Segundo, institui obrigações concretas – de fazer, de não fazer e de suportar – incidentes sobre o proprietário, mas também sobre o próprio Estado. Terceiro, abre para a Administração Pública e para a coletividade, depositárias e guardiãs em nome das gerações futuras, a possibilidade de exigirem, em juízo, cumprimento desses deveres negativos e positivos, inclusive a restauração do bem ao status quo ante, sob regime de responsabilidade civil objetiva e solidária, sem prejuízo de indenização por danos causados, até mesmo morais coletivos.[164]

---

[164] SUPERIOR TRIBUNAL DE JUSTIÇA. REsp n. 1.359.534/MA, relator Ministro Herman Benjamin, Segunda Turma, julgado em 20.2.2014, DJe de 24.10.2016

Assim, abaixo serão objeto de estudo os efeitos do tombamento perante proprietário e possuidores do bem tombado, terceiros e Poder Público. Antes, porém, será analisada a natureza jurídica do ato de tombamento.

3.1 Tombamento – ato administrativo de efeitos declaratórios e constitutivos

Parte da doutrina entende que o tombamento tem efeitos constitutivos. Alexandre Ferreira de Assumpção Aves argumenta que "em relação ao tombamento constitucional, mesmo este não é declaratório, pois as restrições ao direito de propriedade daqueles que possuem imóveis dignos de catalogação e preservação só sofrerão tais condicionamentos a partir do ato administrativo e devido registro, donde se conclui ser tal decisão de natureza constitutiva e não declaratória".[165] No mesmo sentido, Edimur Ferreira de Faria assevera que "parece correto o entendimento de que o tombamento é ato constitutivo, vez que a inscrição do bem no *Livro do Tombo* é que o torna integrante do patrimônio cultural".[166]

O tombamento não faz surgir a relevância do bem para a proteção do patrimônio cultural. Consequentemente, pode-se entender que o tombamento não é constitutivo, mas meramente declaratório. O bem tombado já era relevante ao patrimônio histórico, artístico, turístico ou paisagístico, mesmo antes do tombamento. O ato administrativo que decreta o tombamento apenas reconhece uma situação já existente.

Entretanto, o ato administrativo do tombamento impõe aos proprietários dos bens tombados e à coletividade deveres e abstenções, sob pena de aplicação das sanções previstas em lei, de natureza administrativa, cível e penal. Mesmo sendo um bem relevante ao patrimônio cultural, sem o ato estatal do tombamento não há fundamento jurídico para a imposição de deveres consistentes em obrigações de fazer, não fazer, tolerar e permitir que o tombamento impõe. Somente a partir da abertura do processo de tombamento o bem se torna *especialmente protegido*. A abertura do processo de tombamento para os bens imóveis deverá ser averbada no Cartório de Registro de Imóveis, para fins

---

[165] ALVES, Alexandre Ferreira de Assumpção. O tombamento como instrumento de proteção ao patrimônio cultural. *Revista Brasileira Estudos Políticos*, v. 98, p. 65, 2008.
[166] FARIA, Edimur Ferreira de. O tombamento e seus reflexos. *Fórum de Direito Urbano e Ambiental – fdua*, Belo Horizonte, ano 17, n. 98, p. 46-65, mar./abril. 2018.

de publicidade.[167] O tombamento, provisório ou definitivo, sofre a publicidade decorrente do ato administrativo, bem como pelo registro no Cartório de Registro de Imóveis.[168] Nesse aspecto, é possível afirmar que o tombamento é constitutivo, pois antes de declarado especialmente protegido, não há como aplicar sanções a qualquer pessoa por qualquer ato em relação a um bem, mesmo que este seja relevante ao patrimônio cultural.

O Superior Tribunal de Justiça já reconheceu o caráter declaratório do tombamento, bem como a impossibilidade de aplicação de sanções ao proprietário antes do ato administrativo do tombamento:

> O valor cultural pertencente ao bem é anterior ao próprio tombamento. A diferença é que, não existindo qualquer ato do Poder Público formalizando a necessidade de protegê-lo, descaberia responsabilizar o particular pela não conservação do patrimônio.[169]

Assim, o tombamento tem efeitos constitutivos, pois a partir do ato administrativo que o decreta, o bem de relevante interesse cultural passa para a condição de especialmente protegido, surgindo diversos deveres e prerrogativas aos proprietários, vizinhos, ao Poder Público e à coletividade decorrentes do ordenamento jurídico.

3.2 Efeitos do tombamento em relação aos proprietários do bem protegido

Um bem tombado sujeita-se a um regime jurídico especial. O proprietário tem deveres que não existem na propriedade comum. Antônio A. Queiroz Telles ensina que, em relação ao bem tombado, "altera-se profundamente o seu regime jurídico, que passa a ser público ou, se nos for permitida a expressão, semipúblico".[170]

O tombamento impõe ao proprietário deveres consistentes em ações e abstenções destinadas a preservar o bem em razão da sua relevância histórica, cultural, artística ou paisagística. Conforme lição

---

[167] Art. 167, II, 36, da nº Lei 6.015/1973 (com a redação dada pela Lei nº 14.382/2022).
[168] Art. 167, I, 46, da nº Lei 6.015/1973 (com a redação dada pela Lei nº 14.382/2022).
[169] SUPERIOR TRIBUNAL DE JUSTIÇA. REsp 753.534/MT, Rel. Ministro Castro Meira, Segunda Turma, julgado em 25.10.2011, DJe 10.11.2011.
[170] TELLES, Antônio A. Queiroz. *Tombamento e seu regime jurídico*. São Paulo: Revista dos Tribunais, 1992, p. 47.

de Marçal Justen Filho, "o dever básico produzido pelo tombamento consiste na manutenção da identidade do objeto".[171] Para tanto, o proprietário deverá se abster de alterar a coisa, bem como deve realizar sua manutenção, para evitar que se deteriore.

Anote-se que os deveres decorrentes do art. 17 do Decreto-Lei nº 25/1037 consistem em obrigação de não fazer atribuídas ao proprietário do bem tombado. Este não poderá, em hipótese alguma, ser destruído, demolido ou mutilado, bem como, sem prévia autorização do órgão de proteção, ser reparado, pintado ou restaurado, sob pena de multa. Também, existem obrigações de fazer, em especial as de realizar os atos necessários à sua conservação e manutenção, bem como de restaurar o bem protegido, caso sofra qualquer dano decorrente de ação humana e da natureza.

Os deveres impostos ao proprietário do bem tombado devem ser apenas os estritamente necessários à preservação do bem tombado. Todos os atos que não causem qualquer dano aos valores que o tombamento busca preservar não devem ser vedados ao proprietário do bem tombado. Nesse sentido, simplesmente acrescer uma construção ao bem tombado não seria uma infração, salvo se ofender a estética do conjunto arquitetônico tombado; conforme decidiu o Superior Tribunal de Justiça, "inexistindo ofensa à harmonia estética de conjunto arquitetônico tombado, não há falar em demolição de construção acrescida".[172]

Os deveres resultantes do tombamento são *propter rem*. Conforme lição de Orlando Gomes, as obrigações *propter rem* "nascem de um *direito real* do devedor sobre determinada coisa, a que aderem, acompanhando-o em suas mutações subjetivas".[173] O dever de preservar o bem tombado, restaurá-lo e responder pelos danos ocorridos incidem sobre o atual proprietário do bem, mesmo que a aquisição da propriedade seja posterior ao tombamento ou aos danos ocorridos. Conforme entendimento do Superior Tribunal de Justiça, "são responsáveis solidariamente pela preservação de imóvel urbano em situação de risco, em face ao abandono e descaso e pelos danos causados ao patrimônio histórico e cultural, todo aquele a quem incumbe protege-lo

---

[171] JUSTEN FILHO, Marçal. *Curso de direito administrativo*. 8. ed. Belo Horizonte: Fórum, 2012, p. 590.
[172] Superior Tribunal de Justiça. *Jurisprudência em teses*. Edição nº 127. Intervenção do Estado na Propriedade Privada. Tese 2. 14.06.2019
[173] GOMES, Orlando. *Obrigações*. 12. ed. Rio de Janeiro: Forense, 1999, p. 21.

ou quem, direta ou indiretamente, contribua para o desrespeito, entre os quais se incluem o proprietário, mesmo que locador, e o Poder Público".[174] Assim, não somente o proprietário quando do tombamento do bem é responsável pela sua preservação e restauração, como todos os posteriores adquirentes, bem como todos os que possuem a posse do bem tombado, a qualquer título, como comodatários, locatários, permissionários e outros.

3.2.1 Do direito do proprietário do bem tombado de utilizá-lo, salvo vedação legal, da forma que quiser, salvo se houver incompatibilidade com a preservação do bem – vedação ao tombamento de uso

O tombamento deve ser sempre destinado exclusivamente à preservação do bem tombado. Não deve visar outros objetivos. Não deve resultar do tombamento quaisquer restrições que não sejam estritamente necessárias à preservação do bem tombado.

Um bem que tenha valor histórico, artístico ou paisagístico deve ser preservado, mas, em regra, a propriedade continua com o particular. Este, desde que conserve o bem, pode dar a ele a destinação que quiser, salvo vedação legal em sentido contrário. Pode utilizá-lo para fins comerciais, residenciais ou outros, conforme disciplina do uso do solo e zoneamento constante da lei municipal. Não poderá o tombamento indicar o uso que deve ser dado ao imóvel, salvo se necessário à preservação do bem protegido.

As regras urbanísticas que dizem respeito ao uso dos imóveis, direito de construir, gabaritos máximos e mínimos são de competência do município, com fundamento no art. 30, VIII, da Constituição Federal. Não pode o tombamento se imiscuir nas regras do ordenamento urbanístico. Conforme lição de José dos Santos Carvalho Filho, "se a Administração quer alterar critérios de edificação, como gabaritos, natureza e objetivos de prédios, pode fazê-lo por instrumentos urbanísticos, mas não por meio de tombamento".[175]

---

[174] SUPERIOR TRIBUNAL DE JUSTIÇA. REsp n. 1.359.534/MA, relator Ministro Herman Benjamin, Segunda Turma, julgado em 20.2.2014, DJe de 24.10.2016
[175] CARVALHO FILHO, José dos Santos. *Manual de direito administrativo*. 27. ed. São Paulo: Atlas, 2014, p. 817.

As atividades desenvolvidas por agentes privados não podem ser tombadas, como forma de proteger empreendedores privados e suas atividades. Conforme alerta Carlos Ari Sundfeld, "os tombamentos, que inicialmente serviam para proteger imóveis históricos, hoje, na prática, vêm também apoiando empreendedores e suas atividades".[176] Por meio da Resolução nº 17/2023,[177] o Conselho Municipal de Preservação do Patrimônio Histórico, Cultural e Ambiental da Cidade de São Paulo determinou a abertura do estudo de tombamento de um bar denominado "Ó do Borogodó"; o pedido foi motivado pela possibilidade de o imóvel ser vendido pelo proprietário para incorporadoras imobiliárias. Houve a tentativa de tombar a denominada "Livraria Cultura" em razão do risco de seu fechamento motivado por um pedido de falência.[178]

Proteger, mediante tombamento, determinada atividade empresarial é um desvio de finalidade do tombamento. Este apenas pode ser utilizado para a proteção de bens integrantes do patrimônio cultural. Por exemplo, um bar, uma livraria ou um cinema, mesmo que tenham funcionado por longo período de tempo, não podem ser tombados com a finalidade de impedir a justa pretensão de credores em receber valores devidos em razão de contratos empresariais, ou a retomada, pelos proprietários dos imóveis locados a essas atividades, na forma prevista na legislação que rege as locações de imóveis. O tombamento que impeça o justo exercício de direitos resultantes de créditos constituídos em razão de atividade empresarial ou a retomada de imóveis locados representa uma desapropriação de direitos que deverá ser paga com recursos públicos. Gastar recursos públicos para financiar uma atividade empresarial tombada, em uma sociedade carente de recursos para serviços essenciais, é uma subversão da justa distribuição de recursos públicos.

As atividades desenvolvidas em determinado local podem ser objeto de inventário e registro. Podem ser reunidos documentos, tais

---

[176] SUNDFELD, Carlos Ari. Até onde os tombamentos podem ir? *O Globo*. 19.01.2024. Disponível em: https://oglobo.globo.com/blogs/fumus-boni-iuris/post/2024/01/carlos-ari-sundfeld-ate-onde-os-tombamentos-podem-ir.ghtml. Acesso em: 20 fev. 2024.

[177] CONSELHO Municipal de Preservação do Patrimônio Histórico, Cultural e Ambiental da Cidade de São Paulo. Disponível em: https://www.prefeitura.sp.gov.br/cidade/secretarias/cultura/conpresp/legislacao/resolucoes/index.php?p=1137. Acesso em: 20 fev. 2024.

[178] MP/SP defende preservação da Livraria Cultura em ação de tombamento. *Migalhas*. 04.04.2023. Disponível em: https://www.migalhas.com.br/quentes/384214/mp-sp-defende-preservacao-da-livraria-cultura-em-acao-de-tombamento. Acesso em: 20 fev. 2024.

como fotos e filmagens que retratem a atividade exercida em determinado local. Tais documentos podem ser reunidos em compilações, exposições e representações que servirão para perpetuar a memória da atividade desenvolvida, bem como sua relevância cultural.

Dessa forma, o tombamento não deve indicar o uso do imóvel que deve ser realizado pelo proprietário, porque não se destina a tal finalidade, bem como apenas o Município, por meio de lei, pode dispor sobre a ocupação e o uso do espaço urbano.

3.3 Os deveres do Poder Público em relação ao bem tombado

O Poder Público também é responsável pela preservação do bem tombado. Após o tombamento, o Poder Público deve fiscalizar se o proprietário está cumprindo adequadamente seus deveres em relação ao bem tombado. Dessa forma, conforme Marçal Justen Filho assevera, "há um dever geral de fiscalização do Poder Público quanto à observância dos deveres derivados do tombamento".[179]

Outros deveres atribuídos ao ente público decorrem do artigo 5º do Decreto Legislativo nº 74/1977, que aprovou a Convenção Relativa à Proteção do Patrimônio Mundial, Cultural e Natural, aprovado pela Conferência Geral da UNESCO. Esta norma prevê que o Poder Público deverá: a) adotar uma política geral que vise a dar ao patrimônio cultural e natural uma função na vida da coletividade e a integrar a proteção desse patrimônio nos programas de planificação geral; b) instituir em seu território, na medida em que não existam, um ou mais serviços de proteção, conservação e valorização do patrimônio cultural e natural, dotados de pessoal e meios apropriados que lhes permitam realizar as tarefas a eles confiadas; c) desenvolver os estudos e as pesquisas científicas e técnicas e aperfeiçoar os métodos de intervenção que permitam a um Estado face aos perigos que ameaçam seu patrimônio cultural ou natural; d) tomar as medidas jurídicas, científicas, técnicas, administrativas e financeiras adequadas para a identificação, proteção, conservação, revalorização e reabilitação desse patrimônio; e) facilitar a criação ou o desenvolvimento de centros nacionais ou regionais

---

[179] JUSTEN FILHO, Marçal. *Curso de direito administrativo*. 8. ed. Belo Horizonte: Fórum, 2012, p. 593.

de formação no campo da proteção, conservação e revalorização do patrimônio cultural e estimular a pesquisa científica nesse campo. Anote-se que para o Poder Público cumprir, de forma eficiente, o dever de fiscalizar a preservação, conservação e restauração de bens tombados, deve possuir uma burocracia especializada e em número necessário para uma atuação eficiente. Ao contrário do que o senso comum propaga, o Brasil não tem um número excessivo de funcionários públicos; ocorre exatamente o oposto. Em relação ao número total de trabalhadores, o Brasil tem 12% de funcionários públicos; tal porcentagem está muito abaixo da Inglaterra, que tem uma porcentagem de 23%, e da Dinamarca e Noruega, que têm aproximadamente uma porcentagem de 35%.[180] Nota-se que os países desenvolvidos não desmontaram suas burocracias, tendo em vista a necessidade de o Estado ter agentes capacitados para planejar e executar políticas públicas.

Ao contrário do que pensam os neoliberais brasileiros, nos Estados Unidos da América existe uma carreira burocrática muito bem estruturada, responsável pela elaboração de políticas públicas. Atualmente, vige o *Civil Service Reform Act*, promulgado em 1978. Este ato normativo procurou valorizar o mérito[181] na admissão de pessoal na Administração Pública, havendo inclusive uma agência independente (*Merit System Protection Board* – MSPB) cuja missão é assegurar a valorização do mérito no serviço público, impedindo, assim, a influência de decisões políticas.[182] Foi criada uma burocracia de alto

---

[180] Cf. ORGANISATION FOR ECONOMIC CO-OPERATION AND DEVELOPMENT – OECD. *Government at a Glance 2015*. Disponível em: http://dx.doi.org/10.1787/gov_glance-2015-en. Acesso em: 12/08/2017.

[181] "O regime jurídico dos servidores públicos federais norte-americanos é fundamentado no conceito de mérito. A legislação de pessoal foi concebida com o intuito de garantir que o recrutamento, a promoção, a remoção, ou a demissão de funcionários aconteça com base no desempenho e habilidade de cada indivíduo e não devido a motivos políticos. Atualmente, mais de 90 por cento dos funcionários públicos federais são beneficiários de algum tipo de regime jurídico com base no mérito". (RODRIGES, Ricardo José Pereira. *Regime jurídico do servidor público nos Estados Unidos*. Brasília: Câmara dos Deputados, Consultoria Legislativa. Estudo de Novembro 1995. Disponível em: http://www2.camara.leg.br/documentos-e-pesquisa/publicacoes/estnottec/arquivos-pdf/pdf/510256.pdf. Acesso em: 22 fev. 2017).

[182] "O sistema de mérito no Serviço Público, como um todo, é supervisionado por uma agência independente do governo denominada Merit System Protection Board - MSPB (Conselho de Proteção ao Sistema de Mérito). Criada pela reforma de 1978, o MSPB é responsável pela salvaguarda dos princípios do sistema e das prerrogativas dos funcionários contra abusos e ações de pessoal injustas. O MSPB é composto por três membros indicados pelo Presidente da República, com a sanção do Senado, que cumprem mandatos de sete anos". (Ibid.).

nível, denominada *Senior Executive Service*, responsável pela elaboração das políticas públicas das agências.[183]

Assim, para que os entes públicos possam, de forma adequada, proteger os bens tombados, necessário que sejam contratados, mediante concurso público, agentes públicos com formação adequada para os órgãos de proteção ao patrimônio cultural.

3.3.1 O dever do Poder Público de custear as obras necessárias à conservação do bem tombado em substituição ao proprietário que não dispõe de recursos

Prevê o art. 19 do Decreto-Lei nº 25/1937 que o proprietário de coisa tombada que não dispuser de recursos para proceder às obras de conservação e reparação que a mesma requerer levará ao conhecimento do órgão de proteção federal a necessidade das mencionadas obras, sob pena de multa correspondente ao dobro da importância em que for avaliado o dano sofrido pela mesma coisa. Conforme §1º do referido dispositivo legal, o ente responsável pelo tombamento deverá mandar executar a obra paga pelo ente público ou providenciará a desapropriação da coisa. Caso o ente público não execute as obras ou desaproprie, poderá o proprietário do bem tombado requerer o cancelamento do tombamento da coisa.

Anote-se que não poderá, o proprietário, abandonar o bem tombado à própria sorte, por ter simplesmente notificado o Poder Público na forma do art. 19 do Decreto-Lei nº 25/1937. Nesse sentido, decidiu o Superior Tribunal de Justiça:

> A notificação ao Poder Público, pelo proprietário do bem tombado, de que não dispõe de recursos para realizar obras de conservação e reparação (art. 19 do Decreto-Lei 25/1937), não o libera para simplesmente

---

[183] "Um Serviço Executivo Sênior deve ser estabelecido para fornecer a flexibilidade necessária às agências para recrutar e reter os executivos altamente qualificados necessários para fornecer uma gestão mais efetiva das agências e de suas funções, resultando numa administração mais expedita dos negócios públicos" (Tradução nossa). "*A Senior Executive Service should be established to provide the flexibility needed by agencies to recruit and retain the highly competent and qualified executives needed to provide more effective management of agencies and their functions, and the more expeditious administration of the public business.*" (UNITED STATES OF AMERICA. Congress. *Civil Service Reform Act*. Disponível em: https://congress.gov/help/legislative-glossary#glossary_federaldepositorylibrary. Acesso em: 22 fev. 2017).

abandonar a coisa à sua própria sorte e ruína, sobretudo porque o ordenamento coloca à sua disposição mecanismos gratuitos para forçar a ação do Estado, bastando provocar o Ministério Público ou a Defensoria Pública.[184]

Primeiramente, a norma tem uma finalidade de proteção do proprietário do bem tombado que possui uma propriedade de interesse público que pode gerar despesas superiores às de uma propriedade comum. O restauro é um procedimento muito mais custoso que uma mera reforma. Dessa forma, o proprietário de um bem tombado pode se ver sem recursos para restaurar o bem tombado e, com fundamento no art. 19 do Decreto-Lei nº 25/1937, poderá se socorrer do ente público que realizou o tombamento para que ele custeie a manutenção e o restauro do bem relevante ao patrimônio cultural.

Entretanto, o dispositivo em comento deve ser interpretado conforme a Constituição Federal, em especial, o da função social da propriedade (art. 5º, XXIII), o da obrigatoriedade de as despesas constarem da lei orçamentária vigente (art. 167, II), da competência comum para a preservação do patrimônio cultural (art. 23, III), bem como do dever de proteção do patrimônio cultural (art. 216, §1º).

O simples fato de um bem tombado gerar mais despesas para sua manutenção e/ou restauração não é, por si só, razão para a incidência da norma do art. 19 do Decreto-Lei nº 25/1937. A função social da propriedade impõe ao proprietário a assunção de deveres em prol da coletividade, razão pela qual, tendo condições econômicas de manter, preservar e restaurar o bem tombado, deve o proprietário fazê-lo, ainda que sob um alto custo. Somente mediante prova de que a conservação, preservação ou restauração do bem poderia ensejar despesas ao proprietário que pudessem ocasionar a ele e à sua família a carência de elementos substanciais para uma vida digna, comprometendo o seu mínimo existencial, é que se justificaria o Poder Público assumir os custos de uma reforma.

Decidiu o Superior Tribunal de Justiça que, para a incidência do art. 19 do Decreto-Lei nº 25/1937:

---

[184] SUPERIOR TRIBUNAL DE JUSTIÇA. REsp n. 1.359.534/MA, relator Ministro Herman Benjamin, Segunda Turma, julgado em 20.2.2014, DJe de 24.10.2016.

(...) Se o proprietário do bem tombado não contar com meios financeiros para medidas de conservação e reparação de rigor, dele se exige que: a) leve ao conhecimento do órgão competente do patrimônio histórico e cultural a necessidade das obras, sob pena de multa civil tarifada, a ser aplicada pelo juiz, "correspondente ao dobro da importância em que for avaliado o dano sofrido" pelo bem (art. 19, caput, do Decreto-Lei 25/1937), além de outras sanções administrativas e penais incidentes e da responsabilidade civil por eventuais prejuízos materiais e morais que da ação ou omissão decorram; b) demonstre cabalmente a ausência de recursos próprios, pois trata-se de *onus probandi* que, por óbvio, lhe incumbe.[185]

Ademais, os custos para reforma, conservação ou restauro do bem devem estar previstos na lei orçamentária do ente público, sob pena de ofensa à norma do art. 167 da Constituição Federal. Caso não existam valores orçamentários, deve o ente público inscrever a despesa no orçamento do exercício seguinte. Se houver urgência, deve haver abertura de crédito adicional, na forma do art. 41 da Lei nº 4.320/1964. Não havendo recursos financeiros para a abertura de crédito adicional, deve-se, na forma prevista na legislação que rege o orçamento público, haver os remanejamentos possíveis. Não sendo possível o remanejamento, deve-se cancelar o tombamento.

Como a competência para a preservação do patrimônio cultural é comum, não somente o ente que realizou o tombamento pode ser convocado a colaborar com o proprietário sem recursos do bem tombado. A União, os Estados, o Distrito Federal e os Municípios têm o dever de colaborar com o proprietário do bem tombado sem recursos, em razão da competência comum prevista no art. 23, III, da Constituição Federal.

A previsão da possibilidade de cancelamento do tombamento em razão da não realização, pelo ente público, da obra necessária à conservação do bem tombado ou efetivação da desapropriação, constante do §2º do art. 19 do Decreto-Lei nº 25/1937, é compatível com o atual ordenamento jurídico. Parte da doutrina, entretanto, entende que tal previsão não teria sido recepcionada pela Constituição Federal de 1988; Fábio André Uema Oliveira, ao comentar o art. 19 do Decreto-Lei nº 25/1937, assevera que "nos parece que o dispositivo não fora recepcionado porque não se pode admitir a perda da proteção

---

[185] Superior Tribunal de Justiça. REsp n. 1.791.098/RJ, relator Ministro Herman Benjamin, Segunda Turma, julgado em 23.4.2019, DJe de 2.8.2019.

jurídica do bem cultural por desídia ineficiência ou falta de recursos da Administração Pública".[186] Entretanto, não nos parece ser a posição correta, tendo em vista que a proteção ao patrimônio cultural não é absoluta, bem como as limitações orçamentárias podem conduzir a uma situação em que a única alternativa seja o cancelamento do tombamento,

Havendo recursos orçamentários, existe uma opção discricionária da Administração Pública de custear o restauro do bem tombado para o proprietário ou desapropriar. Em regra, parece ser mais vantajoso desapropriar do que restaurar um bem de propriedade privada, com recursos públicos, para que o proprietário o utilize para o seu próprio interesse. Entretanto, as duas escolhas são previstas na lei, e deve a autoridade competente fundamentar sua escolha. A desapropriação do bem tombado deve ser precedida de edição de decreto de utilidade pública, com fundamento no art. 5º, alínea *k* do Decreto-Lei nº 3.365/1941.

Entretanto, no caso concreto, poderá ocorrer situações que não seria possível ou recomendável que o Poder Público arcasse com os custos da manutenção do bem tombado. Se inexistir orçamento para custear as obras necessárias à manutenção do bem tombado, bem como o estado deste não permita que se aguarde até o próximo exercício financeiro, parece que a única alternativa, não tendo o proprietário recursos para tanto, é o cancelamento do tombamento.

Da mesma forma, havendo recursos financeiros destinados a outras atividades de relevante interesse público, tais como saúde, educação, segurança e outras, não parece razoável, salvo comprovada a excepcional importância e relevância do bem protegido ao patrimônio cultural, que o ente público retire recursos orçamentários de outros serviços públicos ou atividades de interesse público para restaurar ou desapropriar imóveis tombados. Anote-se que a proteção ao patrimônio cultural é um direito fundamental que não tem caráter absoluto, devendo se compatibilizar com outros direitos fundamentais também previstos no ordenamento jurídico. Se os custos da manutenção, conservação ou desapropriação de bens tombados inviabilizar o atendimento de outras finalidades públicas, é lícito à autoridade competente, mediante juízo de conveniência e oportunidade, cancelar o tombamento para atender a outros interesses constitucionalmente protegidos.

---

[186] OLIVEIRA, Fábio André Uema. Tombamento: Decreto-Lei 25/1937. São Paulo: Revista dos Tribunais, 2019, p. 165.

3.4 Efeitos do tombamento perante terceiros – a área envoltória do tombamento

O tombamento não atinge somente o bem tombado. Não haveria sentido tombar um bem e permitir que os imóveis vizinhos lhe tirassem a visibilidade. Em razão disso, o art. 18 do Decreto-Lei nº 25/1937 veda a realização de construção que impeça ou reduza a visibilidade do bem tombado. Trata-se da denominada área envoltória do tombamento. Os imóveis nesta inseridos sofrem vedações e restrições de construção, tendo em vista a necessidade de manter a visibilidade do bem tombado.

A primeira questão relativa à área envoltória é definir o que seria a redução da visibilidade protegida pela lei. Conforme lição de Hely Lopes Meirelles:

> O conceito de *redução de visibilidade*, para fins de lei de tombamento, é amplo, abrangendo não só a tirada da vista da coisa tombada como a modificação do ambiente ou da paisagem adjacente, a diferença de estilo arquitetônico e tudo o mais que contraste ou afronte a harmonia do conjunto, tirando o valor histórico ou a beleza original da obra ou do sítio protegido.[187]

A visibilidade não deve ser interpretada de forma restrita. Insere-se no conceito de visibilidade o destaque do bem tombado, bem como o de ambiência. O destaque é a posição do bem protegido em relação aos demais, que permita sua visão a partir de qualquer área inserida na área envoltória. A ambiência tem um significado de harmonia do bem tombado com os outros que lhe estão próximos. Acerca do conceito ampliado de visibilidade, Sônia Rabello:[188]

> É interessante ressaltar que a visibilidade do bem tombado exigida pela lei tomou, hodiernamente, interpretação menos literal. Não se deve considerar que prédio que impeça a visibilidade seja tão somente aquele que, fisicamente, obste, pela sua altura ou volume, a visão do bem; não é somente esta a hipótese legal. Pode acontecer que prédio, pelo tipo de sua construção ou pelo seu revestimento ou pintura, torne-se incompatível com a visão do bem tombado no seu sentido mais amplo, isto é, a harmonia da visão do bem, inserida no conjunto que o rodeia. Entende-se, hoje, que a finalidade do art.18 do Decreto-Lei 25/37 é a

---

[187] MEIRELLES, Hely Lopes. *Direito administrativo*. 35. ed. São Paulo: Malheiros, 2009, p. 585.
[188] Rabello, Sônia. *O Estado na preservação dos bens culturais*: o tombamento. Rio de Janeiro: IPHAN, 2009, p. 122-123.

proteção da ambiência do bem tombado, que valorizará sua visão e sua compreensão no espaço urbano.

Neste sentido, não só prédios reduzem a visibilidade da coisa, mas qualquer obra ou objeto que seja incompatível com uma vivência integrada com o bem tombado. O conceito de visibilidade, portanto, ampliou se para o de ambiência, isto é, harmonia e integração do bem tombado à sua vizinhança, sem que exclua com isso a visibilidade literalmente dita.

Além do destaque, visibilidade e ambiência, também deve ser assegurada a denominada "qualidade ambiental" do bem tombado. A expressão "qualidade ambiental" consta expressamente no art. 137 do Decreto do Estado de São Paulo nº 13.426, de 16 de março de 1979 (com a redação dada pelo Decreto nº 48.137/2003). Conforme lição de Cristiane Vieira Cabreira, a qualidade ambiental requer que se assegure, além da mera visibilidade do bem tombado, também sua adequada ventilação, iluminação, insolação e conforto humano:

> À luz de tais documentos pode-se afirmar a necessidade da incorporação de outros critérios que não o de visibilidade ou outros a ele relacionados de maneira a propiciar uma proteção efetiva do bem. Um destes critérios é o ambiental, diretamente relacionado com as questões de ventilação, iluminação, insolação e conforto humano.[189]

Outra controvérsia seria a natureza jurídica das vedações incidentes na área envoltória. Segundo Maria Sylvia Zanella Di Pietro, haveria uma servidão administrativa, sendo o prédio dominante o bem tombado, e os demais, servientes:

> Trata-se de servidão administrativa em que dominante é a coisa tombada, e serviente, os prédios vizinhos. É servidão que resulta automaticamente do ato do tombamento e impõe aos proprietários dos prédios servientes obrigação negativa de não fazer construção que impeça ou reduza a visibilidade da coisa tombada e de não colocar cartazes ou anúncios; a esse encargo não corresponde qualquer indenização.[190]

---

[189] CABREIRA, Cristiane Vieira; RIBEIRO, Rosina Trevisan; KRAUSE, Cláudia Barroso. Critérios métodos e parâmetros de atuação no entorno e de bens tombados isolados pelo Instituto do Patrimônio Histórico e Artístico Nacional: a visibilidade em questão. *PARC Pesquisa em Arquitetura e Construção*, v. 4, n. 1, p. 38- 49, 2013. Disponível em: https://periodicos.sbu.unicamp.br/ojs/index.php/parc/article/download/8634557/2478/3539. Acesso em: 08 out. 2021.

[190] DI PIETRO, Maria Sylvia Zanella. *Direito administrativo*. 28. ed. São Paulo: Atlas, 2015, p. 186.

Entretanto, não parece que exista uma servidão. Não existe um prédio dominante e um prédio serviente. Ademais, não existe um "serviço público" para o qual os imóveis inseridos na área envoltória estejam servindo. Trata-se a área envoltória de uma limitação ao direito de construir, semelhante às derivadas das normas urbanísticas. Para Pontes de Miranda, "aí está, a favor do titular do direito de propriedade da coisa tombada, direito de vizinhança, não previsto no direito das coisas (...) trata-se de *direito público de vizinhança*".[191] Assim, a área envoltória nada mais é do que uma limitação ao direito de construir com fundamento em lei, em razão da existência de um bem tombado.[192]

3.4.1 A extensão da área envoltória

A extensão da área envoltória deve ser estabelecida em conformidade com o princípio da proporcionalidade. Conforme lição de Celso Antônio Bandeira de Mello, a lei outorga competências visando um determinado fim; toda demasia, todo excesso desnecessário ao atendimento desse fim é uma superação do escopo legal. A providência mais extensa ou mais intensa do que o requerido para atender ao interesse público é inválida, por transbordar a finalidade legal da norma.[193] Assim, somente se legitima uma área envoltória que seja realmente necessária a assegurar visibilidade, destaque, ambiência e qualidade ambiental do bem tombado.

A lei brasileira não prevê a extensão da área envoltória do tombamento. A legislação portuguesa, Lei nº 107/2001 de Portugal,[194] disciplina a área envoltória, lá denominada de zona de proteção, da seguinte forma:

---

[191] PONTES DE MIRANDA. *Comentários à Constituição de 1967, com a Emenda n. 1, de 1969.* Tomo VI. 2. ed. São Paulo: Revista dos Tribunais, 1972, p. 375.

[192] MELLO, Celso Antônio Bandeira de. *Curso de direito administrativo.* 22. ed. São Paulo: Malheiros, 2007, p. 76.

[193] MELLO, Celso Antônio Bandeira de. *Curso de direito administrativo.* 22. ed. São Paulo: Malheiros, 2007, p. 76.

[194] REPÚBLICA PORTUGUESA. Lei nº 107/2001. Estabelece as bases da política e do regime de protecção e valorização do património cultural. Disponível em: https://diariodarepublica.pt/dr/legislacao-consolidada/lei/2001-72871514-72871608. Acesso em: 05 nov. 2023.

Artigo 43.º

Zonas de protecção

1 – Os bens imóveis classificados nos termos do artigo 15.º da presente lei, ou em vias de classificação como tal, beneficiarão automaticamente de uma zona geral de protecção de 50 m, contados a partir dos seus limites externos, cujo regime é fixado por lei.

2 – Os bens imóveis classificados nos termos do artigo 15.º da presente lei, ou em vias de classificação como tal, devem dispor ainda de uma zona especial de protecção, a fixar por portaria do órgão competente da administração central ou da Região Autónoma quando o bem aí se situar.

3 – Nas zonas especiais de protecção podem incluir-se zonas non aedificandi.

4 – As zonas de protecção são servidões administrativas, nas quais não podem ser concedidas pelo município, nem por outra entidade, licenças para obras de construção e para quaisquer trabalhos que alterem a topografia, os alinhamentos e as cérceas e, em geral, a distribuição de volumes e coberturas ou o revestimento exterior dos edifícios sem prévio parecer favorável da administração do património cultural competente.

5 – Excluem-se do preceituado pelo número anterior as obras de mera alteração no interior de imóveis.

A Jurisprudência tem se orientado no sentido de que a área envoltória somente pode restringir edificações e construções que impeçam a visibilidade do bem tombado. Não havendo essa situação de prejudicialidade da visibilidade e destaque do bem, seria ilegítima a restrição ao direito de construir. Nesse sentido:

> A incidência da proibição contida no artigo 18 do Decreto-Lei 25, de 30.11.1937 ("Sem prévia autorização do Serviço do Patrimônio Histórico e Artístico Nacional, não se poderá, na vizinhança da coisa tombada, fazer construção que impeça ou reduza a visibilidade, nem nela colocar anúncios ou cartazes, sob pena de ser mandada destruir a obra ou retirar o objeto, impondo-se neste caso a multa de cinquenta por cento do valor do mesmo objeto") somente se legitima quando há prova de que a obra em construção IMPEDE ou REDUZ a VISIBILIDADE da COISA TOMBADA. Precedente desta Corte. 3. Apelação provida.[195]

---

[195] TRIBUNAL REGIONAL FEDERAL DA 1ª REGIÃO. AC: 16725 PA 94.01.16725-7, Relator: Juiz Leão Aparecido Alves (CONV.), Data de Julgamento: 24.10.2001, Terceira Turma Suplementar, Data de Publicação: 23.01.2002 DJ p. 03.

Não deve ser estabelecida área envoltória além da necessária à garantia do destaque, visibilidade, ambiência e qualidade ambiental do bem protegido. É possível, inclusive, que o tombamento não preveja área envoltória. Por exemplo, o tombamento de um conjunto urbano não demandaria uma área envoltória. Anote-se, contudo, que o conceito de visibilidade, tal como anteriormente já definido, não se restringe à visibilidade propriamente dita, mas também ao destaque, ambiência e qualidade ambiental do bem tombado.

É inadequada a previsão genérica de uma área envoltória de um bem tombado sem levar em conta as características deste. No Estado de São Paulo, o Decreto nº 13.426/1979 previa uma área envoltória fixa de 300 (trezentos) metros. Tratava-se de disposição sem qualquer razoabilidade que foi alterada com a edição do Decreto nº 48.137/2003. Este alterou a redação do art. 137 do Decreto nº 13.426/1979 para:

> Artigo 137 – A Resolução de Tombamento preverá, no entorno do bem imóvel tombado, edificação ou sítio, uma área sujeita a restrições de ocupação e de uso, quando estes se revelarem aptos a prejudicar a qualidade ambiental do bem sob preservação, definindo, caso a caso, as dimensões dessa área envoltória.

Nota-se que o dispositivo regulamentar, acertadamente, não obriga a imposição de uma área envoltória. Esta poderá existir na medida e extensão necessárias à proteção da qualidade ambiental do bem sob preservação. A fixação de área envoltória deve ser objeto de análise caso a caso e fixada apenas na extensão necessária à proteção do bem tombado.

Para a segurança jurídica e publicidade, todos os imóveis inseridos em área envoltória de tombamento deveriam ter essa informação averbada nos registros imobiliários. Conforme dispõe o item 36 do inciso II do art. 167 da Lei nº 6.015/1973 (com a redação dada pela Lei nº 14.382/2022), no registro de imóveis será feita a averbação do processo de tombamento de bens imóveis. No processo de tombamento há a indicação da área envoltória. Todos os imóveis inseridos na área envoltória devem ser identificados, e averbada sua localização em área envoltória de tombamento, bem como as limitações incidentes. Anote-se que tal orientação já foi acolhida pelo Tribunal de Justiça do Estado de São Paulo por meio do Prov. CGJ 21/2007, que previu a possibilidade de averbação das restrições próprias dos imóveis situados na vizinhança dos bens tombados. Assim, sob pena de ofensa ao princípio da publicidade registral, devem as restrições impostas aos imóveis inseridos em área envoltória ser averbadas no registro imobiliário, para que se evitem discussões acerca do desconhecimento de restrições e danos à visibilidade dos bens tombados.

3.5 Tombamento e indenização ao proprietário do bem tombado

Um dos temas mais polêmicos sobre o tombamento é a necessidade ou não de se indenizar o proprietário do bem tombado. Para que se possa analisar a questão de forma adequada, faz-se necessário analisar as formas de intervenção do Estado na propriedade, para que se possa concluir acerca de qual delas melhor representa a natureza jurídica do tombamento.

Diverge a doutrina acerca da natureza jurídica do tombamento. José Roberto Pimenta Oliveira assevera que "tal como disciplinado no Decreto-Lei nº 25/1937, o tombamento é modalidade específica de sacrifício de direito, resultando na incidência do regime legal a constituição de uma *restrição ao* domínio, ora de uma *extinção* do domínio do bem tombado".[196] Segundo Francisco Octávio de Almeida Prado Filho, "dentro do gênero das servidões administrativas podemos dizer que a utilidade pública por força da qual fica o bem afetado pelo tombamento é a preservação do patrimônio cultural em benefício de toda a coletividade".[197] Antônio Augusto Queiroz Telles leciona que o tombamento, a depender do ângulo que se analise, pode ser uma servidão ou limitação:

> Como, por força de um princípio lógico, não pode uma coisa ser outra, ao mesmo tempo, pois que, obrigatoriamente, uma situação excluiria a outra, o *tombamento* seria limitação, enquanto sua incidência fosse encarada, exclusivamente, como providencia restritiva do direito de propriedade, de natureza primacialmente pessoal.

---

[196] OLIVEIRA, José Roberto Pimenta. Atividade administrativa de ordenação da propriedade privada e tombamento: natureza jurídica e indenizabilidade. In: PIRES, Luís Manuel Fonseca; ZOCKUN, Maurício. *Intervenções do Estado*. São Paulo: Quartier Latin, 2008, p. 208-225.

[197] PRADO FILHO, Francisco Octávio de Almeida. Tombamento: espécie de servidão administrativa. In: PIRES, Luís Manuel Fonseca; ZOCKUN, Maurício. *Intervenções do Estado*. São Paulo: Quartier Latin, 2008, p. 263-271.

Poderia, da mesma forma, ser entendido o *tombamento* como servidão administrativa, quando verificado o reflexo de sua atuação, especificamente sobre o bem atingido.

Na realidade, acreditamos possa o instituto do *tombamento* estampar-se ambiguamente, dependendo, entretanto, do alvo a ser atingido: o direito de propriedade e o bem tombado.[198]

Contudo, não concordamos com o posicionamento de que o tombamento sempre tem natureza de medida expropriatória, pois poderá ou não configurar um sacrifício do direito de propriedade, o que somente pode ser auferido no caso concreto. Também, entendemos que o tombamento não se enquadra totalmente como um caso de servidão administrativa, tendo natureza singular. Para dirimir tal dúvida, necessário conceituar a limitação administrativa, diferenciando-a da expropriação, bem como da servidão, para que se possa concluir pela natureza do tombamento.

3.5.1 Limitações administrativas ao direito de propriedade

Através da limitação, o Estado define o campo legítimo de expressão de um direito.[199] Limitar um direito é torná-lo compatível com o direito dos demais dentro da comunidade e com os superiores interesses da sociedade.[200] Conforme lição de Whitaker,[201] "não existe direito cujo exercício seja ilimitado, pois, vivendo o homem em sociedade, todos os seus interesses precisam conciliar-se com os direitos superiores do Estado".

Sobre as limitações aos direitos, manifesta-se Pontes de Miranda:[202]

> Todo direito subjetivo é linha que se lança em certa direção. Até onde pode ir, ou até onde não pode ir, previsto pela lei, o seu conteúdo

---

[198] TELLES, Antônio A. Queiroz. *Tombamento e seu regime jurídico*. São Paulo: Revista dos Tribunais, 1992, p. 44.

[199] Cf. SUNDFELD, Carlos Ari. *Direito administrativo ordenador*. São Paulo: Malheiros, 2003, p. 53

[200] Cf. SILVA, Ildefonso Mascarenhas. *Desapropriação por necessidade e utilidade pública*. Rio de Janeiro: Aurora Limitada, 1947, p. 78

[201] WHITAKER, F. *Desapropriação*. 3. ed. São Paulo: Atlas, 1946, p. 9

[202] PONTES DE MIRANDA, Francisco Cavalcanti. *Tratado de direito privado – parte especial – tomo XI*. 3. ed. Rio de Janeiro: Borsoi, 1971, p. 09

ou seu exercício, dizem-no as regras limitativas, que são regras que *configuram*, que traçam a estrutura dos direitos e a sua exercitação. O conteúdo dessas regras são as *limitações*. Aqui principalmente nos interessam as limitações ao conteúdo. O domínio não ilimitável. A lei mesma estabelece limitações. Nem é irrestringível.

Sobre a possibilidade de limitações a direitos, há três concepções: 1) *concepção absoluta*: entende que os direitos subjetivos independem uns dos outros; movem-se, convivem sem, no entanto, encontrarem-se; o mundo jurídico seria de tal modo construído, que todos os direitos estender-se-iam, como linhas retas, sem se ferirem, sem se tocarem; 2) *concepção relativista*: sustenta que o direito de cada um seria o reflexo do direito objetivo, sem maior consistência e resistência que a tolerada pelo interesse comum ou geral; 3) *concepção eclética*: sustenta que há limites aos direitos, ao lado da projeção, irredutíveis, deles; eles se lançam como as linhas com que o absolutismo os concebia, porém param, cessam, têm limites; além desses limites, os direitos são relativos no sentido de muitos direitos se entrelaçam.[203] Segundo a concepção eclética, vige o *princípio da relatividade dos direitos*, o qual informa que todo direito que se cria a alguém, entrando na esfera de outrem, isto é, em direito que antes não sofria isso, é direito que *corta* a outro, que passa a ser *novo limite* ao outro.[204]

O direito de propriedade tem um âmbito de proteção estritamente normativo, ou seja, não se limita o legislador ordinário a estabelecer restrições a eventual direito, cabendo-lhe definir, em determinada medida, a amplitude e a conformação desse direito individual.[205] É a ordem jurídica que converte o simples *ter* em *propriedade*.[206] Essa categoria de direito fundamental confia ao legislador o mister de definir o próprio conteúdo do direito regulado; nesse caso, fala-se em limitação ou conformação do direito; as normas relativas a esse instituto

---

[203] PONTES DE MIRANDA, Francisco Cavalcanti. *Tratado de direito privado – parte especial – tomo XI*. 3. ed. Rio de Janeiro: Borsoi, 1971, p. 26
[204] PONTES DE MIRANDA, Francisco Cavalcanti. *Tratado de direito privado – parte especial – tomo XI*. 3. ed. Rio de Janeiro: Borsoi, 1971, p. 19
[205] Cf. MENDES, Gilmar Ferreira; COELHO, Inocêncio Mártires; BRANCO, Paulo Gustavo Gonet. *Hermenêutica constitucional e direitos fundamentais*. Brasília: Brasília Jurídica, 2002, p. 211
[206] Cf. MENDES, Gilmar Ferreira; COELHO, Inocêncio Mártires; BRANCO, Paulo Gustavo Gonet. *Hermenêutica constitucional e direitos fundamentais*. Brasília: Brasília Jurídica, 2002, p. 215

(a propriedade) não se destinam a estabelecer restrições; são apenas normas de conformação ou concretização desses direitos.[207] A garantia constitucional da propriedade está submetida a um processo de relativização, sendo interpretada, fundamentalmente, de acordo com parâmetros fixados pela legislação ordinária; as disposições legais têm um caráter constitutivo; a Constituição garante apenas o instituto da propriedade.[208] A garantia constitucional é somente institucional, e não de conteúdo. O legislador não pode acabar com o direito de propriedade, mas tem ampla liberdade de limitar tal direito.[209] Assim, o conteúdo e os limites do direito de propriedade são definidos nas leis, de modo que só se garante, na Constituição Federal, a instituição da propriedade. São suscetíveis de mudanças, em virtude de legislação, o conteúdo e os limites mesmos da propriedade e do direito de propriedade.[210]

Renato Alessi[211] entende que não há limitações ao direito de propriedade; há limitações tão somente à propriedade. Isso porque os regimes de propriedade são aqueles definidos pela ordem jurídica. Vale dizer: o direito de propriedade só tem existência no contexto da ordem jurídica, tal como o definiu a ordem jurídica. Por certo que, na comparação entre ordens jurídicas distintas, poder-se-á afirmar que nesta, em relação àquela, a propriedade é mais ou menos dilatada, em decorrência de ser menos ou mais limitada. Não, porém, que o direito de propriedade aqui ou ali seja limitado neste ou naquele grau. Cada direito de propriedade é direito integral nos quadrantes da ordem jurídica positiva que o contempla.

O conteúdo do direito de propriedade pode ser determinado pelas necessidades que derivam da coexistência de propriedades e solidariedade de interesses, por meio das leis. Estas apenas definem o conteúdo da propriedade e lhe são inerentes como confins do exercício

---

[207] Cf. MENDES, Gilmar Ferreira; COELHO, Inocêncio Mártires; BRANCO, Paulo Gustavo Gonet. *Hermenêutica constitucional e direitos fundamentais*. Brasília: Brasília Jurídica, 2002, p. 215

[208] "A propriedade privada é instituto jurídico; e a garantia do art. 150 §2º, é institucional". (PONTES DE MIRANDA, Francisco Cavalcanti. *Comentários à Constituição de 1967*, tomo V. São Paulo: RT, 1968, p. 367)

[209] "Ao legislador só se impede de acabar, como tal e em geral, com o *instituto jurídico*, com o direito de propriedade". (PONTES DE MIRANDA, Francisco Cavalcanti. *Comentários à Constituição de 1967*, tomo V. São Paulo: RT, 1968, p. 367)

[210] Cf. PONTES DE MIRANDA, Francisco Cavalcanti. *Comentários à Constituição de 1967*, tomo V. São Paulo: RT, 1968, p. 368.

[211] ALESSI, Renato. *Principi di diritto amministrativo*, v. II. Milão, 1.978, Giuffrè Editore, p. 590

deste direito. São as condições legais do direito de propriedade que não se confundem com os sacrifícios.[212]

Em relação ao direito de propriedade, eventual redução legal das faculdades a ele inerentes pode ser vista sob uma dupla perspectiva: para o futuro, cuida-se de uma nova definição do direito de propriedade; em relação ao direito fundado no passado, tem-se uma nítida restrição.[213]

O legislador pode restringir o direito de propriedade. A restrição poderá revelar-se legítima, se adequada para garantir a função social da propriedade ou para preservar outro bem jurídico constitucionalmente protegido tão ou mais importante que o direito de propriedade. Será ilegítima se desproporcional, desarrazoada ou incompatível com o núcleo essencial desse direito.[214] Assim, o legislador dispõe de uma relativa liberdade na definição do conteúdo da propriedade e na imposição de restrições,[215] mas deve preservar o núcleo essencial do direito.[216] Sobre o núcleo essencial do direito de propriedade, o definiremos abaixo, ao discorrer sobre as medidas expropriatórias de direito.

3.5.2 Sacrifícios ao direito de propriedade – medidas expropriatórias

Importa, agora, estabelecer a diferenciação entre limitação e sacrifício de direito. No caso do direito de propriedade, são limitações apenas as medidas que não inviabilizem a utilização funcional do bem. Assim, devem-se distinguir as medidas de índole conformativa ou restritiva de um lado e, de outro, as medidas de natureza expropriatória, que causam o sacrifício de um direito. As primeiras são dotadas de

---

[212] Cf. SILVA, Ildefonso Mascarenhas. *Desapropriação por necessidade e utilidade pública*. Rio de Janeiro: Aurora Limitada, 1947, p. 81.

[213] Cf. MENDES, Gilmar Ferreira; COELHO, Inocêncio Mártires; BRANCO, Paulo Gustavo Gonet. *Hermenêutica constitucional e direitos fundamentais*. Brasília: Brasília Jurídica, 2002, p. 217.

[214] Cf. MENDES, Gilmar Ferreira; COELHO, Inocêncio Mártires; BRANCO, Paulo Gustavo Gonet. *Hermenêutica constitucional e direitos fundamentais*. Brasília: Brasília Jurídica, 2002, p. 217

[215] "Não há que se negar que à lei assiste amplo espaço para delinear o direito de propriedade, mas, à toda evidência, haverá de existir um conteúdo mínimo que se tem por referido pela Carta Constitucional, o que não pode ser desconhecido ou deprimido". (MELLO, Celso Antônio Bandeira de. Novos aspectos da função social da propriedade. *Revista de Direito Público*, n. 84 – outubro/dezembro de 1987, p. 42)

[216] Cf. MENDES, Gilmar Ferreira; COELHO, Inocêncio Mártires; BRANCO, Paulo Gustavo Gonet. *Hermenêutica constitucional e direitos fundamentais*. Brasília: Brasília Jurídica, 2002, p. 218-219.

abstração, generalidade e impõem restrições às posições jurídicas individuais. As medidas expropriatórias têm conteúdo concreto, individual, e importam na retirada total ou parcial do objeto da esfera de domínio privado.[217]

Tal diferenciação é relevante, visto que as medidas de natureza restritiva ou conformativa, ao contrário das de natureza expropriatória, não legitimam qualquer pretensão indenizatória.[218] Assim, cumpre elencar critérios para diferenciar a limitação do sacrifício dos direitos. Enquanto a limitação não gera o dever de indenizar, o sacrifício, em regra, exige a indenização justa.

O sacrifício é a situação subjetiva passiva imposta compulsoriamente pelo Estado, que importa em compressão do conteúdo do direito ou sua extinção em nome do interesse público ou social.[219] Segundo Luís Manuel Fonseca Pires:[220]

> O *sacrifício de direitos*, assim entendido, consiste na *autorização legislativa* ao Estado para atingir *diretamente* os *direitos* consagrados no sistema jurídico e já incorporados concretamente pelos administrados, diferentemente da *conformação dos direitos* na qual se traceja e com isto se desenha o conceito e a definição de determinado valor (liberdade ou propriedade) para o direito positivo.

A doutrina elenca vários critérios para diferenciar o sacrifício e a limitação aos direitos. Dentre eles destacam-se: 1) *critério da transferência da propriedade:* haveria sacrifício quando um bem fosse definitivamente deslocado das mãos de seu titular para as de outrem, mas não quando permanecesse no seu patrimônio; 2) *critério do veículo da instituição do gravame*: haveria condicionamento quando imposto por lei, e sacrifício quando imposto por outra espécie de ato estatal;

---

[217] Cf. SUNDFELD, Carlos Ari. *Direito administrativo ordenador*. São Paulo: Malheiros, 2003, p. 55-57.
[218] Cf. MENDES, Gilmar Ferreira; COELHO, Inocêncio Mártires; BRANCO, Paulo Gustavo Gonet. *Hermenêutica constitucional e direitos fundamentais*. Brasília: Brasília Jurídica, 2002, p. 220/221. No mesmo sentido: "Os condicionamentos, conquanto representem situação desfavorável para o particular, justamente por delimitarem o campo de atuação legítima do titular do direito não conferem direito à indenização". (SUNDFELD, Carlos Ari. *Direito administrativo ordenador*. São Paulo: Malheiros, 2003, p. 57)
[219] Cf. SUNDFELD, Carlos Ari. *Direito administrativo ordenador*. São Paulo: Malheiros, 2003, p. 86-87.
[220] PIRES, Luís Manuel Fonseca. A propriedade privada em área de proteção ambiental: limitações ou restrições administrativas? *In*: PIRES, Luís Manuel Fonseca Pires; ZOCKUN, Maurício. *Intervenções do Estado*. São Paulo: Quartier Latin, 2008, p. 32-53.

3) *critério da generalidade/singularidade*: os gravames decorrentes de ato geral e abstrato seriam condicionamentos, e os derivados de medidas singulares seriam sacrifícios.[221]

Nenhum dos critérios é salvo de críticas. Mesmo sem a transferência, pode haver limitação ao conteúdo mínimo de um direito que o torne imprestável, o que gera, sem sombra de dúvida, o direito à indenização. Caso um ato de autoridade imponha restrições tão grandes ao direito de propriedade, que resulte em supressão de todos os poderes inerentes ao domínio sem impor a transferência do bem, não há dúvida que se trata de sacrifício e não limitação, o que gera o dever de indenizar.

O fato de a restrição vir por meio de lei ou outro ato de autoridade não faz diferença, sendo importante o efeito do ato sobre o patrimônio do particular. A desapropriação, por exemplo, pode ser por meio de declaração de utilidade pública feita por decreto ou por lei.[222] Não importa a forma do ato, e sim a sua substância.

Quanto ao terceiro critério (critério da generalidade/singularidade), apesar de ser o mais acertado, também é passível de críticas, visto que o critério de generalidade é pouco preciso[223] (o que é uma generalidade? 100 ou 10000 pessoas?). A "limitação", apesar de geral, pode acabar com o núcleo essencial de um direito e gerar o dever de indenizar, o que já foi constatado pela doutrina alemã. Hartmut Maurer[224] nos traz o conceito de *caso inconveniente* que se configura quando uma lei reguladora da propriedade traz um dano desmesurado a uma ou mais pessoas; tais danos seriam graves, que ultrapassariam os decorrentes da normal vinculação social, qual seja, dos danos inerentes à condição de se viver em sociedade e se sujeitar ao que regulam as leis

---

[221] Cf. SUNDFELD, Carlos Ari. *Direito administrativo ordenador*. São Paulo: Malheiros, 2003, p. 89-90.

[222] Art. 8º do Decreto-Lei 3.365/41. Não é inconstitucional a previsão deste dispositivo legal. Apesar de declarar a necessidade pública, a lei não obriga o Executivo a desapropriar; assim, não há violação ao princípio da Separação dos Poderes, em virtude de ato do Legislativo ocasionar despesas ao Executivo. Nesse sentido é a lição de Harada: "É claro que se o Executivo não é obrigado promover efetivamente a desapropriação de determinado bem que ele próprio declarou de utilidade pública, o mesmo comportamento omissivo pode ser manifestado em relação ao bem assim declarado por ato do Poder Legislativo, que nesse particular não tem qualquer ascendência". (HARADA, Kiyoshi. *Desapropriação*: doutrina e prática. 7. ed. São Paulo: Atlas, 2007, p. 70)

[223] Cf. SUNDFELD, Carlos Ari. *Direito administrativo ordenador*. São Paulo: Malheiros, 2003, p. 90-92.

[224] MAURER, Hartmut. *Contributos para o direito do Estado*. Porto Alegre: Livraria do advogado, 2007, p. 52

de modo abstrato para todos, o que ensejaria indenização. Assim, a limitação geral de um direito, quando importe em onerosidade excessiva para o proprietário ou quando elimine o conteúdo mínimo desse direito, deve gerar o dever de indenizar. Nesse sentido, Seabra Fagundes:[225]

> Também é impossível justificar a não indenização de tais direitos com a amplitude que a Constituição deixa à lei ordinária ao regular o exercício e, consequentemente, os limites do direito de propriedade. A disciplinação do exercício não autoriza a supressão, ainda que parcial, do direito de propriedade. Regular o exercício é disciplinar direito que se reconhece existente e seria exceder o âmbito da regulamentação, e até contradizê-la no seu sentido, utilizá-la para a supressão de quaisquer direitos.

O critério essencial para diferenciar a limitação da expropriação do direito é verificar, no caso, se houve o atingimento do núcleo essencial do direito. O núcleo essencial do direito de propriedade é o direito de usar do bem, de acordo com as características dele; se imóvel, de nele edificar, assim como o direito de dispor; são expressões do direito de propriedade inseparáveis dele, visto que é o conjunto desses poderes que recebe o nome de propriedade; conforme lição de Celso Antônio Bandeira de Mello,[226] "elididos estes poderes, nada mais restaria". Se houver o atingimento do núcleo essencial de um direito, ocorre o sacrifício deste, ocasionando o dever de indenização pela expropriação do direito do particular.

Deve-se atentar para o critério da *funcionalidade* de um bem para a definição do núcleo essencial a ser preservado. No caso de uma propriedade rural, cuja funcionalidade normal é a de destinar-se à agricultura e pecuária, se tais atividades não puderem ser realizadas, houve o atingimento do núcleo essencial do direito de propriedade; o mesmo não se daria em uma propriedade urbana; nesta, se fosse impedida a cultura de hortaliças, não haveria qualquer medida expropriatória, visto que a funcionalidade normal do imóvel urbano se destina a servir de moradia, e não para atividades rurais. Assim, *o conteúdo mínimo do direito de propriedade que deve ser mantido para não se*

---

[225] FAGUNDES, Miguel Seabra. *O controle dos atos administrativos pelo Poder Judiciário*. 8. ed. Rio de Janeiro: Forense, 2010, p. 423, nota de rodapé 178.
[226] MELLO, Celso Antônio Bandeira de. Novos aspectos da função social da propriedade. *Revista de Direito Público*, n. 84, outubro/dezembro de 1987, p. 42.

configurar em medida expropriatória é a sua utilização funcional. Segundo Celso Antônio Bandeira de Mello,[227]

> O direito estaria sacrificado quando não se pudesse dar ao bem utilização funcional, entendendo-se por "funcionalidade" a aptidão natural do bem em conjugação com a destinação social que cumpre, segundo o contexto em que esteja inserido.

Assim, concluímos que qualquer ato estatal, inclusive o tombamento, que eliminar o conteúdo mínimo do direito de propriedade, impedindo o uso funcional da propriedade privada, deve resultar em pagamento de indenização ao proprietário do bem, por se tratar de medida de natureza expropriatória. Ao contrário, se do tombamento não resultar qualquer impedimento ao uso funcional do bem tombado, não há medida expropriatória que possa fundamentar qualquer pedido de indenização contra o Poder Público. Somente a análise de cada caso concreto, tendo em vista a natureza do bem tombado e as restrições que decorrem do tombamento, pode indicar se houve ou não uma medida expropriatória a ensejar a indenização ao proprietário do bem tombado.

3.5.3 Servidão administrativa

Conforme lição de Marco Aurélio S. Viana, "a servidão é direito real sobre coisa alheia, em virtude do qual um prédio (denominado serviente) suporta um encargo (utilidade ou serviço, ou seja, fruição e gozo) em favor de outro prédio (dominante) de proprietário diverso".[228] O conceito de servidão civil serve de ponto de partida para o conceito de servidão administrativa. A diferença entre a servidão do direito civil e a servidão do direito público é que a *res dominans* é um serviço público,[229] razão pela qual resta afastada a disciplina do direito civil que prevê a instituição consensual da servidão visando a uma utilidade particular em favor de um dos proprietários.

---

[227] PIRES, Luís Manuel Fonseca. A propriedade privada em área de proteção ambiental: limitações ou restrições administrativas? *In*: PIRES, Luís Manuel Fonseca Pires; ZOCKUN, Maurício. *Intervenções do Estado*. São Paulo: Quartier Latin, 2008, p. 32-53.

[228] VIANA, Marco Aurélio S. *In*: TEIXEIRA, Sálvio de Figueiredo. *Comentários ao Novo Código Civil*, volume XVI: dos direitos reais. Rio de Janeiro: Forense, 2007, p. 630.

[229] Cf. DI PIETRO, Maia Sylvia Zanella. *Direito administrativo*. 22. ed. São Paulo: Atlas, 2009, p. 148-149.

Servidão administrativa é o direito real público que autoriza o uso da propriedade para execução de obras e serviços de interesse coletivo. A servidão civil é direito real de um prédio sobre outro para uma finalidade privada. A servidão administrativa é um ônus real que o poder público impõe sobre uma propriedade com a finalidade de serventia pública. Assim, apesar das semelhanças, não se confunde a servidão administrativa com a servidão civil.

O fundamento constitucional das servidões administrativas é o art. 5º, XXIV, da Constituição Federal e o fundamento legal é o art. 40 do Decreto-Lei 3.365/41, que estabelece que o expropriante poderá constituir servidões, mediante indenização, na forma desta lei. Também existe previsão de servidão administrativa nos arts. 117 a 138 do Código de Águas. Por fim, o artigo 1.286 do Código Civil é exemplo de um caso de servidão administrativa.

Pode-se constituir a servidão administrativa de duas formas: i) amigável, mediante escritura pública a ser lavrada no Registro de Imóveis; ii) judicial, mediante ação de igual procedimento ao da desapropriação. Conforme lição de Maria Sylvia Zanella Di Pietro:[230]

> As servidões civis constituem-se voluntariamente. Não podemos falar em servidões impostas por lei, porque aí estamos adentrando no território dos direitos de vizinhança. Servidão é resultante da vontade, seja bilateral, seja manifestação de última vontade.

A servidão administrativa tem o caráter de ser, em regra, permanente. Não existe indenização a ser paga em razão da servidão administrativa, salvo se houver prejuízo comprovado do proprietário. Conforme lição de Odete Medauar:

> A servidão não opera transferência do domínio, nem da posse, nem do uso total do bem a terceiros ou ao poder público. Apenas parcela do bem tem seu uso compartilhado ou limitado em vista do atendimento do interesse público. Por isso, se a limitação acarretar realmente prejuízo, quanto ao uso, caberá indenização, referiria só a este aspecto.[231]

---

[230] VIANA, Marco Aurélio S. *In*: TEIXEIRA, Sálvio de Figueiredo. *Comentários ao Novo Código Civil*, volume XVI: dos direitos reais. Rio de Janeiro: Forense, 2007, p. 634.
[231] MEDAUAR, Odete. *Direito administrativo moderno*. 16. ed. São Paulo: Revista dos Tribunais, 2012, p. 383.

O tombamento não é uma servidão administrativa. Não há um serviço público para o qual o bem tombado esteja servindo. O dever de manter um bem no estado em que se encontra, sem alterar suas características e impedir sua destruição, não se enquadra em qualquer conceito possível de serviço público. Este é a atividade econômica exercida pelo Estado, que poderá, mediante concessão e permissão, ser exercida pela iniciativa privada, mediante regulação estatal, conforme decorre do art. 175 da Constituição Federal.[232] Assim, afirmar que o tombamento é uma servidão administrativa é desconsiderar o conceito de serviço público ou ampliar este de forma demasiada.

3.6 Tombamento: natureza jurídica singular – conjunto de deveres decorrentes da função sociocultural da propriedade

O tombamento não é limitação administrativa, medida expropriatória e nem servidão. Trata-se de um instituto singular que não pode ser comparado a quaisquer das outras categorias de atos que limitam ou restringem o direito de propriedade.

O tombamento não é uma mera limitação administrativa. Conforme assevera Edmir Netto de Araújo, "embora imposto no interesse público genericamente considerado, não se pode catalogar o tombamento como *limitação administrativa* propriamente dita, uma vez que no primeiro há a individualização da coisa".[233] Mesmo os tombamentos de cidades inteiras, tal como nos casos de centros urbanos, há a individualização dos imóveis, ainda que coletivamente, razão pela qual não se pode tratar o instituto como uma mera limitação.

Também, o tombamento não tem natureza expropriatória. Afirma Edmir Netto de Araújo que "o tombamento difere da desapropriação (embora possa causá-la) porque, ao contrário desta, não tem a finalidade, em princípio, da subtração da propriedade ao expropriado, mas sim a conservação/preservação/proteção da coisa, para que não sofra a ação deletéria do tempo ou das pessoas".[234] Caso o Poder Público entenda

---

[232] Sobre o conceito de serviço público, *vide*: NAKAMURA, Andre Luiz dos Santos. Revisitando o conceito de serviço público. *Revista Brasileira de Ciências Políticas*. Vol. 9, n. 1, 99. 292-303, 2019.

[233] ARAÚJO, Edmir Netto de. *Curso de direito administrativo*. 5. ed. São Paulo: Saraiva, 2010, p. 1112.

[234] ARAÚJO, Edmir Netto de. *Curso de direito administrativo*. 5. ed. São Paulo: Saraiva, 2010, p. 1112.

que se mostra necessária a aquisição da propriedade de coisa tombada, deve desapropriar, com fundamento nas alíneas "k" e "l" do art. 5º do Decreto-Lei nº 3.365/1941.

Por fim, o tombamento não se confunde com a servidão administrativa. Segundo Celso Antônio Bandeira de Mello:[235]

> Distingue-se os institutos do tombamento e da servidão em que: a) a servidão é um direito real *sobre coisa alheia* ao passo que o tombamento também pode afetar um bem próprio e ser satisfeito mesmo quando o bem de terceiro é expropriado sem que com isto se extingam os gravames inerentes ao tombamento, não vigorando o princípio *nemini res sua servir*; b) a servidão não impõe ao titular do bem tombado o dever de agir, pois não lhe exige um *facere*, mas tão-só um *pati*, ao passo que o tombamento constitui o titular do bem tombado no dever de conservá-lo em bom estado, no que se incluem todas as realizações de reformas para tanto necessárias; c) demais disto, as servidões só oneram bens imóveis e o tombamento tanto pode se referir a bens imóveis quanto a bens móveis, como quadros, estatuetas, joias e outros objetos de interesse cultural.

Dessa forma, o tombamento não é servidão, limitação ou desapropriação. Trata-se de categoria própria, conforme lição de Maria Sylvia Zanella Di Pietro:

> O tombamento tem em comum com a limitação administrativa o fato de ser imposto em benefício de interesse público; porém, dela difere por individualizar o imóvel. Comparado com a servidão, o tombamento a ela se assemelha pelo fato de individualizar o bem; porém dela difere porque falta a coisa dominante, essencial para caracterizar qualquer tipo de servidão, seja de direito público ou privado. Preferimos, por isso, considerar o tombamento categoria própria, que não se enquadra nem como simples limitação administrativa, bem como servidão.[236]

O tombamento é um ato administrativo que resulta num conjunto de direitos, deveres, sujeições e prerrogativas decorrentes da função sociocultural da propriedade que incidem sobre o proprietário do bem tombado, o Poder Público e a coletividade. A função sociocultural da propriedade limita a propriedade privada visando à proteção de um bem jurídico coletivo, qual seja, o patrimônio cultural brasileiro.

---

[235] MELLO, Celso Antônio Bandeira. *Curso de direito administrativo*. 27. ed. São Paulo: Malheiros, 2010, p. 912.
[236] DI PIETRO, Maria Sylvia Zanella. *Direito administrativo*. 28. ed. São Paulo: Atlas, 2015, p. 189.

Os instrumentos de proteção ao patrimônio cultural, relativo a determinado bem, são instituídos por meio de ato administrativo que veicula o tombamento. Não poderá o tombamento ser considerado uma limitação administrativa, medida expropriatória e nem uma servidão administrativa. O tombamento é um instituto singular, uma especificação, no caso concreto, das medidas necessárias em relação a um determinado bem para que o patrimônio cultural possa ser protegido.

3.7 Indenização ao proprietário do bem tombado – em regra, não cabível, mas possível em alguns casos

Há uma divergência da doutrina acerca da necessidade de indenizar o proprietário do bem tombado. Os que defendem a indenização se fundam na suposta perda de valor econômico do bem, bem como na redução do poder de usar, gozar e dispor. Flávio de Queiroz B. Cavalcanti[237] defende a indenização ao proprietário do bem tombado mediante os seguintes argumentos:

> O tombamento, na maior parte das vezes, acarreta uma diminuição no valor econômico da coisa e uma redução das faculdades inerentes à propriedade.
> O poder de usar, gozar e dispor, é reduzido pela necessidade de preservação da coisa, impedindo-se, por conseguinte, sua altera de acordo com o desejo de seu proprietário, e por via de consequência, reduzindo-lhe o valor econômico.
> Em prol da coletividade, o titular sofre restrições no seu direito de propriedade e uma diminuição no seu patrimônio.
> Baseada a regra de indenização pelo poder público no fracionamento dos ônus e cômodos, não vejo como escapar à conclusão de que necessário se faz o repartimento dos prejuízos sofridos.

Há quem entenda que "se o tombamento é geral, alcançando universalidade de bens indeterminados, descabe a indenização, salvo se a imposição da obrigação aniquilar o exercício do direito de propriedade".[238] Por outro lado, "nos casos, porém, em que o tombamento

---

[237] CAVALCANTI, Flávio de Queiroz B. Tombamento e dever de indenizar. *Revista dos Tribunais*, vol. 709/1994, p. 34-41, Nov / 1994.
[238] FERRAZ, Luciano. In: DI PIETRO, Maria Sylvia Zanella (coord.). *Tratado de direito administrativo*. Tomo 3. Direito Administrativo dos Bens e Restrições Estatais à Propriedade. São Paulo: Revista dos Tribunais, 2014, p. 411.

é individualizado, precedido de procedimento administrativo, na forma do Decreto-Lei 25/1937, sustenta-se cabível a indenização, fundamentadamente porque o dono do bem ou dos bens tombados suportam ônus excessivos em benefício da sociedade, situação que demonstra o rompimento do equilíbrio dos ônus e encargos públicos (art. 37, §6º da CF/1988), justificando a indenização".[239] Nesse sentido, Paulo Affonso Leme Machado:

> Uma propriedade situada em uma quadra em que os outros imóveis têm aproximadas características históricas ou arquitetônicas inserese, naturalmente, no mesmo corpo de prescrições. Assim, se todos os bens dessa quadra ou das quadras vizinhas forem sujeitos aos mesmos gravames de conservação, inedificabilidade, preempção para a venda, com pequenas diferenças sobre futuras modificações, nada há de discriminatório. Assim, a propriedade imóvel, no caso, não está sendo sujeita a gravames e ônus de maneira desigual a outras situadas em igual situação. Nesse caso, ocorre a possível generalidade da limitação (ainda que não absolutamente geral, pois poderia haver zonas diferentes numa mesma cidade) e nada há a indenizar pelo Poder Público (...) diferente é a situação quando uma propriedade é escolhida solitariamente para ser conservada. Muitas vezes, pretende-se que ela fique como testemunha de uma determinada época ou padrão cultural. Diante dos ônus da conservação de propriedades semelhantes e vizinhas, opta-se pela conservação de um só ou de poucos bens em relação ao conjunto existente. Ora, de imediato, é de se constatar que a limitação não está sendo geral no mesmo espaço geográfico.[240]

Entretanto, o critério sobre a generalidade ou individualidade do tombamento como critério de separação entre os que devem ou não receber a indenização é passível de crítica.[241] O imóvel é tombado

---

[239] FERRAZ, Luciano. In: DI PIETRO, Maria Sylvia Zanella (coord.). *Tratado de direito administrativo*. Tomo 3. Direito Administrativo dos Bens e Restrições Estatais à Propriedade. São Paulo: Revista dos Tribunais, 2014, p. 412.

[240] MACHADO, Paulo Affonso Leme. Tombamento. *Doutrinas Essenciais de Direito Ambiental*, vol. 3, p. 233-277, mar. 2011.

[241] "Não tem sentido considerar-se indenizável o tombamento individualizado de um bem e não indenizável aquele que atingir toda uma categoria de bens próximos um dos outros, que sofreriam uma 'carga geral' imposta a todas as propriedades. O tombamento deve ser entendido como geral não por atingir, no seu ato de imposição, um ou mais bens, mas por inserir a coisa numa classe de bens legalmente prevista e potencialmente protegida. Assim, ainda que o tombamento aparentemente condicione coisa individualizada a um uso ou desfrute diferenciado das demais situadas em determinado espaço, esta restrição é compatível com a imposta à categoria de bens que a coisa tombada e sua vizinhança fazem parte, a universalidade que é o Patrimônio Cultural Brasileiro." (RODRIGUES,

individualmente, mesmo que os demais que o cercam também sejam. O tombamento de uma área implica o tombamento individual de cada imóvel nela inserido, conforme lição de José dos Santos Carvalho Filho:

> Mesmo quando o tombamento abrange uma determinada área, um bairro o até uma cidade, os imóveis tombados são apenas aqueles inseridos no local mencionado pelo ato. Dizer-se que todos os imóveis de uma rua estão tombados significa que *cada um deles*, especificamente, sofre a restrição (...) "O tombamento, segundo nos parece, tem sempre caráter *individual*, vale dizer, os efeitos do ato alcançam diretamente apenas a esfera jurídica do proprietário de determinado bem. O dito tombamento geral seria ato limitativo de natureza genérica e abstrata incongruente com a natureza do instituto. Quando várias edificações de um bairro ou uma cidade são alvo de tombamento, tal ocorre porque foi considerada cada uma delas *per se* como suscetível de proteção histórica ou cultural.[242]

Em regra, não deve haver a indenização ao proprietário do bem tombado. Este continua na propriedade do particular. O tombamento, em regra, não impõe obrigações positivas ao proprietário, apenas impedindo a alteração física do bem, com a finalidade de preservar o patrimônio histórico e cultural do País. O uso do bem tombado para atividades de interesse do proprietário não é vedado, salvo incompatibilidade com a preservação do bem tombado. A disponibilidade do bem tombado não é afetada. Dessa forma, não haveria razões para que se indenizasse o proprietário do bem tombado. Nesse sentido, leciona Thiago Marrara que:

> O tombamento impacta, como visto, o caráter absoluto da propriedade. Trata-se de restrição parcial de uso que se materializa em deveres negativos, positivos e de tolerância. Como a exploração econômica continua possível e o proprietário pode fruir e até dispor do bem, não há indenização para esse tipo de restrição, ainda que ela seja imposta de modo compulsório e sobre um bem específico.[243]

José Eduardo Ramos. Tombamento e patrimônio cultural. *Doutrinas Essenciais de Direito Ambiental*, vol. 3, p. 143 – 166, Mar. 2011)

[242] CARVALHO FILHO, José dos Santos. *Manual de direito administrativo*. 27. ed. São Paulo: Atlas, 2014, p. 818-820.

[243] MARRARA, Thiago. *Manual de direito administrativo*. Volume 02: Funções administrativas, intervenção na propriedade e bens estatais. 3. ed. Indaiatuba: Foco, p. 197. Edição Kindle.

Ademais, o dever de indenizar o proprietário pode inviabilizar a proteção ao patrimônio histórico e cultural do Brasil, levando à destruição do patrimônio cultural, em prejuízo da coletividade, com vistas ao atendimento do interesse individual de proprietário do imóvel, conforme o magistério de José Eduardo Ramos Rodrigues:[244]

> Entendemos que continuar a discussão sobre se o tombamento é indenizável ou não escapa à realidade fática, em especial a de nosso País. Segundo a Constituição de 1988, cumpre ao Poder Público defender o Patrimônio Cultural Brasileiro, sendo um de seus meios mais eficazes o tombamento, exatamente por não representar ônus excessivo ao Erário público. Se entendermos que cada vez que um bem cultural for tombado, haverá indenização ou desapropriação indireta, estaremos objetivamente impedindo a preservação do patrimônio cultural e o cumprimento dos desígnios constitucionais.
>
> Nosso País é pobre e continuará a sê-lo por longo tempo. Nem por isso os brasileiros constituem-se num povo inferior sem direito de fruição de seu patrimônio cultural, transmissível às futuras gerações, como qualquer país civilizado do mundo. Até porque uma das formas de superação do subdesenvolvimento mais eficazes, implica na valorização por um povo de seus bens culturais, através do qual consegue afirmar-se realmente como nação. A indenização ou expropriação de bens culturais por nossos débeis cofres públicos afasta para sempre qualquer possibilidade de preservação do Patrimônio Cultural Brasileiro. Mesmo que obtenha verbas suficientes para indenização, o que já é bastante improvável num país endividado externa e internamente como o Brasil, sobrará algum dinheiro para a restauração e manutenção dos bens? É óbvio que não! Admitir indenização pura e simples do tombamento num país pobre é condenar o seu patrimônio cultural à destruição total.

A questão da indenizabilidade do tombamento deve ser objeto de análise no caso concreto. Poderá haver casos em que o tombamento pode ocasionar um prejuízo real ao proprietário, impedindo-o de continuar a exercer atividades que antes realizava e que lhe eram lucrativas. Outros casos, entretanto, o tombamento não alterará em nada o uso que antes era feito do bem tombado. Não havendo a interrupção de qualquer atividade lucrativa *antes exercida* pelo proprietário, não há o que indenizar. Haverá casos em que tombamento não representará qualquer óbice ao uso da propriedade, de acordo com as leis municipais que regulam o uso do solo.

---

[244] RODRIGUES, José Eduardo Ramos. Tombamento e patrimônio cultural. *Doutrinas Essenciais de Direito Ambiental*, vol. 3, p. 143 – 166, Mar. 2011.

Um critério que deve ser utilizado é o denominado "uso natural" da coisa tombada. Se o tombamento não ensejar a impossibilidade do uso natural da coisa, não há o que indenizar ao proprietário. Entretanto, se o tombamento, no caso concreto, impõe a impossibilidade do uso natural da coisa, deve haver a indenização. Conforme lição de Sônia Rabello:[245]

> Não obstante, foi mencionado que a regra geral da não indenização das restrições decorrentes da limitação, como no caso do tombamento, poderia conter, excepcionalmente, exceção: a restrição impedir o uso inerente, efetivo e atual de propriedade, também chamado por alguns autores como uso "natural". Destaque-se, mais uma vez, que não se trata de o ato administrativo atingir certo número de propriedades, mas da avaliação das circunstâncias específicas das propriedades atingidas. A imposição não deve causar distorção substancial a determinada propriedade quanto ao seu uso, se comparada às propriedades que lhe são assemelhadas, isto é, a destinação específica não deve se contrapor, de modo intolerável, ao uso geral das propriedades que, em determinado local e momento, lhe são assemelhadas. Embora determinada propriedade possa ainda ter, faticamente, um uso residual, há de se verificar se ela deixa (ou não) de estar inserida no contexto que lhe condiciona o uso, com maior ou menor intensidade, mas não tolerando contraposição.

O critério do uso natural da coisa foi acolhido pela legislação portuguesa. Artigo 20º, "d", da Lei nº 107/2001 de Portugal prevê ao possuidor do imóvel objeto de proteção cultural "o direito a uma indemnização sempre que do acto de classificação resultar uma proibição ou uma restrição grave à utilização habitualmente dada ao bem".[246]

Mesmo nos casos em que se conclua que o uso natural da coisa foi afetado pelo tombamento, deve-se considerar o uso anterior que o proprietário fazia do imóvel para se calcular a indenização. Não é admissível indenizar o que nunca existiu por mera presunção de que seria possível existir. Não é lógico e nem razoável indenizar o potencial de aproveitamento econômico que nunca foi, de fato, utilizado

---

[245] Rabello, Sônia. *O Estado na preservação dos bens culturais*: o tombamento. Rio de Janeiro: IPHAN, 2009, p 142-143.
[246] REPÚBLICA PORTUGUESA. Lei nº 107/2001. Estabelece as bases da política e do regime de protecção e valorização do património cultural. Disponível em: https://diariodarepublica.pt/dr/legislacao-consolidada/lei/2001-72871514-72871608. Acesso em: 05 nov. 2023.

pelo proprietário e que dependeria de circunstâncias imprevistas e imprevisíveis. Por exemplo, é totalmente injusto pagar pela perda do potencial de construção de um imóvel no qual o proprietário nunca sequer requereu licença de construir porque, em tese, seria possível derrubar o imóvel de valor histórico para construir um edifício no local, fato que dependeria de acontecimentos aleatórios que nunca poderiam acontecer, como o interesse do mercado em fazer um empreendimento no local.[247] Assim, deve o proprietário fazer prova do real prejuízo causado pelo tombamento para que possa pleitear indenização, conforme voto do Ministro Arnaldo Esteves Lima:[248]

> O tombamento, por significar uma restrição administrativa que apenas obriga o proprietário a manter o bem tombado dentro de suas características para a proteção do patrimônio cultural, não gera qualquer dever indenizatório para o Poder Público, e isso porque nenhum prejuízo patrimonial é causado ao dono do bem. Somente se o proprietário comprovar que o ato de tombamento lhe causou prejuízo, o que não é a regra, é que fará jus à indenização. (...) Ressalva-se apenas a hipótese em que, sob a denominação de tombamento, o Estado realmente interdita o uso do bem pelo proprietário. Nesse caso é até impróprio falar-se em tombamento; o certo será considerar-se hipótese de servidão administrativa ou de desapropriação, conforme o caso, passando o proprietário então a ter direito à indenização pelos prejuízos causados pelo uso, ou pela própria perda da propriedade, no todo ou em parte.

No mesmo sentido é a lição de Hely Lopes Meirelles,[249] o qual nos ensina que "o tombamento, em princípio, não obriga a indenização, salvo se as condições impostas para a conservação do bem acarretam despesas extraordinárias para o proprietário, ou resultam na interdição de uso do mesmo bem, ou prejudicam sua normal utilização".

---

[247] "A fixação do preço justo não pode embasar-se em mera hipótese de aproveitamento do imóvel, jamais cogitada pelos expropriados antes do procedimento expropriatório. Vale dizer, não se pode levar em conta a possibilidade de implantação de loteamento em um imóvel que, antes da intervenção do Poder Público, sempre foi utilizado para a atividade agropecuária. O interesse auferido pelo proprietário do imóvel expropriado, mencionado no art. 27 do Dec. Lei 3.365/41, refere-se às eventuais atividades praticadas no momento da declaração de utilidade pública". (STJ – 1ª T., RESPA 986.471, Min. Denise Arruda, j. 13.5.08, DJU 30.6.08. In: NEGRÃO, Theotonio. *Código de Processo Civil e legislação processual em vigor*. 41. ed. São Paulo: Saraiva, 2009, p. 1425-1426)
[248] SUPERIOR TRIBUNAL DE JUSTIÇA. REsp 1129103/SC, Rel. Ministro Arnaldo Esteves Lima, Primeira Turma, julgado em 08.02.2011, DJe 17.02.2011.
[249] MEIRELLES, Hely Lopes. *Direito administrativo*. 39. ed. São Paulo: Malheiros, 2013, p. 651.

Mesmo nos casos em que não há a retirada dos poderes inerentes ao domínio do proprietário, poderá existir casos em que o bem não sofra qualquer desvalorização e não ocorra qualquer prejuízo ao proprietário. Conforme José dos Santos Carvalho Filho, "é preciso considerar que, dependendo da singularidade da situação, pode o ato de tombamento gerar vantagens decorrentes da valorização do bem, especialmente bem imóvel, e não prejuízo para o proprietário".[250]

O critério que deve prevalecer para que se possa decidir pela indenizabilidade ou não do tombamento deve ser o prejuízo efetivo sofrido pelo proprietário do bem tombado. Se for comprovado um prejuízo, este deve ser indenizado. A doutrina entende que, se existe licença de construir anterior ao tombamento, deve haver indenização do proprietário.[251] Não havendo prejuízos comprovados, nada deve ser pago ao proprietário do bem tombado. Nesse sentido Hely Lopes Meirelles conclui que "o tombamento, em princípio, é gratuito, mas será indenizável se causar a interdição de uso ou de exploração normal do bem tombado, como também se o desvalorizar substancialmente, embora mantendo a sua destinação original".[252]

A indenização, quando cabível, deve considerar a possibilidade de alienação pelo proprietário do imóvel tombado do potencial construtivo previsto no art. 35 do Estatuto da Cidade (Lei nº 10.257/2001). Este prevê a possibilidade de alienação do direito de construir que não pôde ser exercido em razão do tombamento. Esse valor alienável deverá ser descontado de eventual indenização a ser paga ao proprietário. Se não houver a compensação do direito de construir alienável da indenização a ser paga em razão da limitação do tombamento, ocorrerá um evidente enriquecimento sem causa do proprietário do imóvel tombado que receberá a indenização pela limitação de um direito que ele poderá alienar com fulcro no art. 35 do Estatuto da Cidade.[253] Anote-se, contudo, que, conforme alerta de Thiago Marrara, "a legalidade dessa transferência do direito de construir sobre um eventual bem

---

[250] CARVALHO FILHO, José dos Santos. *Manual de direito administrativo*. 27. ed. São Paulo: Atlas, 2014, p. 825.
[251] DI PIETRO, Maria Sylvia Zanella. Tombamento – Licença de construção – Direito adquirido. *Revista de Direito Administrativo*, Rio de Janeiro, v. 208, p. 386-394, abr. 1997.
[252] MEIRELLES, Hely Lopes. Tombamento e indenização. *Revista de Direito Administrativo*, Rio de Janeiro, v. 161, p. 1-6, fev. 1985.
[253] NAKAMURA, André Luiz dos Santos. A questão da indenizabilidade da restrição decorrente do tombamento e a venda do potencial construtivo. *Revista Aporia Jurídica*, p. 343-359, jul. Dez. 2016.

tombado dependerá necessariamente de previsão no Plano Diretor e em Lei Municipal que detalhe o instituto".[254]

Anote-se que, caso seja necessário indenizar, deve o Poder Público desapropriar a área, na forma do art. 5º, *k*, do Decreto-Lei nº 3.365/1941. Não se justificaria o pagamento de uma indenização ao proprietário, sob o fundamento de que a propriedade teria sido esvaziada e o bem protegido continuar com o proprietário privado. Deve o Poder Público adquirir a propriedade pela desapropriação e afetar o bem a uma finalidade de interesse público.

---

[254] MARRARA, Thiago. *Manual de direito administrativo* – Volume 02: Funções administrativas, intervenção na propriedade e bens estatais. 3. ed. Indaiatuba: Foco, p. 198. Edição Kindle.

REFERÊNCIAS

ALESSI, Renato. *Principi di diritto amministrativo*. Vol. II. Milão: Giuffrè Editore, 1978.

ALEXY, Robert. *Teoria dos direitos fundamentais*. Tradução: Virgílio Afonso da Silva. São Paulo: Malheiros, 2008.

ALVES, Alexandre Ferreira de Assumpção. O tombamento como instrumento de proteção ao patrimônio cultural. *Revista Brasileira Estudos Políticos*, v. 98, p. 65, 2008.

ALVIM, Arruda. *Comentários ao Código Civil Brasileiro*. Vol. XI – tomo I. Rio de Janeiro: Forense, 2009.

ANJOS FILHO, Robério Nunes dos. *Direito ao desenvolvimento*. São Paulo: Saraiva, 2013.

ARAÚJO, Edmir Netto de. *Curso de direito administrativo*. 5. ed. São Paulo: Saraiva, 2010.

BARROSO. Luís Roberto. *Curso de direito constitucional contemporâneo*. 7. ed. São Paulo: Saraiva, 2018.

BASTOS, Celso Ribeiro; MARTINS, Ives Gandra. *Comentários à Constituição do Brasil*. Vol. VIII. Arts. 193 a 232. São Paulo: Saraiva, 1998.

BASTOS, Celso Ribeiro. *Curso de direito constitucional*. 19. ed. São Paulo: Saraiva, 1998.

BEZNOS, Clovis. Desapropriação em nome da política urbana. *In:* DALLARI, Dalmo de Abreu; FERRAZ, Sergio. *Estatuto da cidade*: comentários à Lei Federal 10.257/2001. São Paulo: Malheiros, 2002.

BEZNOS, Clóvis. *Aspectos jurídicos da indenização na desapropriação*. Belo Horizonte: Fórum, 2006.

BOBBIO, Norberto. *Liberalismo e democracia*. 6. ed. São Paulo: Brasiliense, 1998.

BORGES, Alice Gonzales. Interesse público: um conceito a determinar. *Revista de Direito Administrativo*, Rio de Janeiro, v. 205, p. 109-116, jul. 1996.

BORGES, Marco Antônio. O tombamento como instrumentos jurídicos para a proteção do patrimônio cultural. *Revista Jurídica da Presidência*, v. 7, n. 73, p. 01-04, 2005.

BRASIL. *Estudo da Demanda Turística Internacional 2019*. Disponível em: https://www.gov.br/turismo/pt-br/acesso-a-informacao/acoes-e-programas/observatorio/demanda-turistica/demanda-turistica-internacional-1. Acesso em: 09 set. 2023.

BULOS, Uadi Lammêgo. *Constituição Federal Anotada*. 12. ed. São Paulo: Saraiva, 2017.

CABREIRA, Cristiane Vieira; RIBEIRO, Rosina Trevisan; KRAUSE, Cláudia Barroso. Critérios métodos e parâmetros de atuação no entorno e de bens tombados isolados pelo Instituto do Patrimônio Histórico e Artístico Nacional: a visibilidade em questão. *PARC Pesquisa em Arquitetura e Construção*, v. 4, n. 1, p. 38- 49, 2013. Disponível em: https://periodicos.sbu.unicamp.br/ojs/index.php/parc/article/download/8634557/2478/3539.

CÂMARA DOS DEPUTADOS. *PL 422/2024*. Disponível em: https://www.camara.leg.br/propostas-legislativas/2418616. Acesso em: 09 abr. 2024.

CANOTILHO, José Joaquim Gomes. *Direito constitucional e teoria da Constituição*. 7. ed. Coimbra: Almedina.

CARVALHO FILHO, José dos Santos. *Manual de direito administrativo*. 27. ed. São Paulo: Atlas, 2014.

CASARÃO do século 20 tombado na região central de SP precisa ser demolido imediatamente, aponta laudo. G1. 22/01/2023. disponível em: https://g1.globo.com/sp/sao-paulo/noticia/2024/01/22/casarao-do-seculo-20-e-tombado-na-regiao-central-de-sp-precisa-ser-demolido-imediatamente-aponta-laudo.ghtml. Acesso em: 13 fev. 2024.

CAVALCANTI, Flávio de Queiroz B. Tombamento e dever de indenizar. *Revista dos Tribunais*, vol. 709/1994, p. 34-41, nov/1994.

COELHO, Inocêncio Mártires. Métodos-princípios de interpretação constitucional. *Revista de Direito Administrativo*, v. 230, p. 163-186, 2002.

COLISEU é eleito a atração mais popular do mundo; veja *ranking* das top 10. Disponível em: https://www.uol.com.br/nossa/viagem/noticias/2019/12/17/coliseu-e-eleito-atracao-mais-popular-do-mundo-veja-o-ranking-dos-10-mais.htm. Acesso em: 09 set. 2023.

CONDEPAV tomba capoeira como patrimônio cultural imaterial. 25.07.2018. Disponível em: https://www.valinhos.sp.gov.br/portal/noticias/0/3/42546/condepav-tomba-capoeira-como-patrimonio-cultural-imaterial/. Acesso em: 24 set. 2023.

CONSELHO DE DEFESA DO PATRIMÔNIO HISTÓRICO, ARQUEOLÓGICO, ARTÍSTICO E TURÍSTICA DO ESTADO DE SÃO PAULO. CONDEPHAAT. *Bairro dos Jardins*. Disponível em: http://condephaat.sp.gov.br/benstombados/bairros-dos-jardins/. Acesso em: 04 set. 2023.

CONSELHO DE DEFESA DO PATRIMÔNIO HISTÓRICO, ARQUEOLÓGICO, ARTÍSTICO E TURÍSTICA DO ESTADO DE SÃO PAULO. CONDEPHAAT. *Bairro do Pacaembu*. Disponível em: http://condephaat.sp.gov.br/benstombados/bairro-do-pacaembu-2/. Acesso em: 04 set. 2023.

COSTA NETO, Nicolao Dino de Castro e. Crimes contra o patrimônio urbano e o patrimônio cultural – alguns aspectos. *Boletim Científico da Escola Superior do Ministério Público da União*, n. 9, p. 161-168 – out./dez. 2003.

CRETELLA JÚNIOR, José. Regime jurídico do tombamento. *Revista de Direito Administrativo*, Rio de Janeiro, v. 112, p. 50-68, out. 1973.

CRETELLA JÚNIOR, José. *Comentários à Constituição Brasileira de 1988*. 2. ed. Vol. VIII. Arts. 170 a 232. Rio de Janeiro: Forense Universitária, 1993.

CRETELLA JUNIOR, José. *Tratado geral da desapropriação*. Rio de Janeiro: Forense, 1980, vol. 1.

DERRUBADAS de estátuas famosas que marcaram o mundo. *O Globo*. Disponível em: https://oglobo.globo.com/mundo/derrubadas-de-estatuas-famosas-que-marcaram-mundo-21708646. Acesso em: 03 nov. 2023.

DI PIETRO, Maria Sylvia Zanella. *Direito administrativo*. 28. ed. São Paulo: Atlas, 2015.

DI PIETRO, Maria Sylvia Zanella. Tombamento – Licença de construção – Direito adquirido. *Revista de Direito Administrativo*, Rio de Janeiro, v. 208, p. 386-394, abr. 1997.

DUGUIT, Léon. *Las transformaciones del derecho publico y privado*. Buenos Aires: Heliasta, 1975.

FAGUNDES, Miguel Seabra. *O controle dos atos administrativos pelo Poder Judiciário*. 8. ed. Rio de Janeiro: Forense, 2010.

FARIA, Edimur Ferreira de. O tombamento e seus reflexos. *Fórum de Direito Urbano e Ambiental – fdua*, Belo Horizonte, ano 17, n. 98, p. 46-65, mar./abril. 2018.

FERRAZ, Luciano. In: DI PIETRO, Maria Sylvia Zanella (coord.). *Tratado de direito administrativo*. Tomo 3. Direito Administrativo dos Bens e Restrições Estatais à Propriedade. São Paulo: Revista dos Tribunais, 2014.

FIGUEIREDO, Marcelo; PONTES FILHO, Valmir. *Estudos de direito público em homenagem a Celso Antônio Bandeira de Mello*. São Paulo: Malheiros, 2006.

FILLHO, Francisco Humberto Cunha; STUDART, Vitor Melo. As "outras formas de acautelamento e preservação" do patrimônio cultural brasileiro. *Revista de Direito da Cidade*, v. 9, n. 2, p. 366–388, 2017.

GARCIA, Maria. *Inconstitucionalidades da lei das desapropriações*: a questão da revenda. 2. ed. Rio de Janeiro: Forense, 2007.

GOMES, Orlando. *Direitos reais*. 17. ed. Rio de Janeiro: Forense, 2000.

GOMES, Orlando. *Obrigações*. 12. ed. Rio de Janeiro: Forense, 1999.

GRAU, Eros. *A ordem econômica na Constituição de 1988*. 17. ed. São Paulo: Malheiros, 2015.

HARADA, Kiyoshi. *Desapropriação*: doutrina e prática. 7. ed. São Paulo: Atlas, 2007.

INSTITUTO DO PATRIMÔNIO HISTÓRICO E ARTÍSTICO DO ESTADO DO RIO GRANDE DO SUL. IPHAE. *O significado da palavra tombamento*. Disponível em: http://www.iphae.rs.gov.br/Main.php?do=noticiasDetalhesAc&item=37302. Acesso em: 25 fev. 2023.

INSTITUTO DO PATRIMÔNIO HISTÓRICO E ARTÍSTICO NACIONAL. IPHAN. *Normatização de Cidades Históricas*. http://portal.iphan.gov.br/uploads/publicacao/normatizacao_areas_tombadas_cidades_historicas_2011.pdf. Acesso em: 26 maio 2022.

INSTITUTO DO PATRIMÔNIO HISTÓRICO E ARTÍSTICO NACIONAL. IPHAN. *Inventários de bens culturais*. Disponível em: http://portal.iphan.gov.br/pagina/detalhes/421. Acesso em: 30 ago. 2023.

JUSTEN FILHO, Marçal. *Curso de direito administrativo*. 8. ed. Belo Horizonte: Fórum, 2012.

JUSTEN FILHO, Marçal. Desenvolvimento nacional sustentado: contratações administrativas e o regime introduzido pela lei 12.349. *Informativo Justen, Pereira, Oliveira e Talamini*, Curitiba, nº 50, abril 2011, disponível em http://www.justen.com.br//informativo.php?l=pt&informativo=50&artigo=1077. Acesso em: 04 jul. 2017.

KAUFMANN, Arthur; HASSEMER, Winfried. *Introdução à filosofia do direito e à teoria do direito contemporâneas*. 2. ed. Lisboa: Fundação Calouste Gulbenkian, 2009.

MACHADO, Paulo Affonso Leme. Tombamento. *Doutrinas Essenciais de Direito Ambiental*, vol. 3, p. 233-277, mar. 2011.

MAGALHÃES, Allan Carlos Moreira; CUNHA FILHO, Francisco Humberto. O tombamento legislativo: a Lei de Efeitos Concretos. *Revista Direito Ambiental e sociedade*, v. 8, n. 2, p. 181-204, 2018.

MARRARA, Thiago. *Manual de direito administrativo*. Volume 02: Funções administrativas, intervenção na propriedade e bens estatais. 3. ed. Indaiatuba: Foco. Edição Kindle.

MAURER, Hartmut. *Contributos para o direito do Estado*. Porto Alegre: Livraria do advogado, 2007.

MEDAUAR, Odete. *Direito administrativo moderno*. 16. ed. São Paulo: Revista dos Tribunais, 2012.

MEDINA, José Miguel Garcia; WAMBIER, Teresa Arruda Alvim. *Parte geral e processo de conhecimento*. 3. ed. São Paulo: Ed. RT. 2013.

MEIRELLES, Hely Lopes. *Direito administrativo*. 35. ed. São Paulo: Malheiros, 2009.

MEIRELLES, Hely Lopes. Tombamento e indenização. *Revista de Direito Administrativo*, Rio de Janeiro, v. 161, p. 1-6, fev. 1985.

MELLO, Celso Antônio Bandeira de. *Novos aspectos da função social da propriedade*. Revista de Direito Público, n. 84 – outubro/dezembro de 1987.

MELLO, Celso Antônio. *Curso de direito administrativo*. 27. ed. São Paulo: Malheiros, 2010.

MENDES, Gilmar Ferreira; COELHO, Inocêncio Mártires; BRANCO, Paulo Gustavo Gonet. *Hermenêutica constitucional e direitos fundamentais*. Brasília: Brasília Jurídica, 2002.

MIRANDA, Fernanda Barreto. Competências municipais em matéria de tombamento. *In*: PIRES, Luís Manuel Fonseca; ZOCKUN, Maurício. *Intervenções do Estado*. São Paulo: Quartier Latin, 2008, p. 227-262.

MOLINARO, Carlos Alberto; DANTAS, Fernando Antônio de Carvalho. *In*: CANOTILHO, J.J. Gomes; MENDES, Gilmar Ferreira; SARLET, Ingo Wolfgang; STRECK, Lenio Luiz. *Comentários à Constituição do Brasil*. São Paulo: Saraiva, 2014.

MULLER, Friedrich. *O novo paradigma do direito*. 2. ed. São Paulo: RT, 2009.

NAKAMURA, André Luiz dos Santos. *Desapropriação*: comentários ao Decreto-lei nº 3.365/1941. Belo Horizonte: Fórum, 2021.

NAKAMURA, André Luíz dos Santos. *Bens públicos*. Belo horizonte: Fórum, 2022.

NAKAMURA, Andre Luiz dos Santos. Revisitando o conceito de serviço público. *Revista Brasileira de Ciências Políticas*. Vol. 9, n. 1, 99. 292-303, 2019.

NEGRÃO, Theotonio. *Código de Processo Civil e legislação processual em vigor*. 41. ed. São Paulo: Saraiva, 2009.

NOHARA, Irene Patrícia. *Direito administrativo*. 9. ed. São Paulo: Atlas, 2019.

OLIVEIRA, Fábio André Uema. *Tombamento*: Decreto-lei 25/1937. São Paulo: Revista dos Tribunais, 2019.

OLIVEIRA, José Roberto Pimenta. Atividade administrativa de ordenação da propriedade privada e tombamento: natureza jurídica e indenizabilidade. *In*: PIRES, Luís Manuel Fonseca; ZOCKUN, Maurício. *Intervenções do Estado*. São Paulo: Quartier Latin, 2008, p. 208-225.

ORGANIZAÇÃO DAS NAÇÕES UNIDAS PARA A EDUCAÇÃO, A CIÊNCIA E A CULTURA. UNESCO. Convenção para a protecção do património mundial, cultural e natural. Disponível em: https://whc.unesco.org/archive/convention-pt.pdf. Acesso em: 19 ago. 2023.

ORGANIZAÇÃO DAS NAÇÕES UNIDAS PARA A EDUCAÇÃO, A CIÊNCIA E A CULTURA. UNESCO. Convenção da Unesco para a Salvaguarda do Patrimônio Cultural Imaterial. Disponível em: https://unesdoc.unesco.org/ark:/48223/pf0000132540_por. Acesso em: 24 set. 2023.

PERLINGIERI, Pietro. *Perfis do direito civil*. Rio de Janeiro: Renovar, 2002.

PIETRO SANCHIS, Luis. El juicio de ponderación constitucional. *In*: LAPORTA, Francisco J. *Constitución: problemas filosóficos*. Madrid: 2003, Centro de Estudios Políticos y Constitucionales.

PIRES, Luís Manuel Fonseca. *A propriedade privada em área de proteção ambiental*: limitações ou restrições administrativas? *In*: PIRES, Luís Manuel Fonseca Pires; ZOCKUN, Maurício. *Intervenções do Estado*. São Paulo: Quartier Latin, 2008, p. 32-53.

PONTES DE MIRANDA. *Comentários à Constituição de 1967, com a Emenda n. 1, de 1969*. Tomo VI. 2. ed. São Paulo: Revista dos Tribunais, 1972.

PONTES DE MIRANDA, Francisco Cavalcanti. *Tratado de direito privado – parte especial – tomo XI*. 3 ed. Rio de Janeiro: Borsoi, 1971.

PONTOS turísticos mais visitados de São Paulo. Disponível em: https://www.guiadasemana.com.br/turismo/noticia/pontos-turisticos-mais-visitados-de-sao-paulo. Acesso em: 09 set. 2023.

PRADO FILHO, Francisco Octávio de Almeida. Tombamento: espécie de servidão administrativa. *In*: PIRES, Luís Manuel Fonseca; ZOCKUN, Maurício. *Intervenções do Estado*. São Paulo: Quartier Latin, 2008, p. 263-271.

QUEIRÓ, Afonso Rodrigues. Os limites do poder discricionário das autoridades administrativas. *Revista de Direito Administrativo*, nº 97.

QUEIRÓ, Afonso Rodrigues. Reflexões sobre a teoria do desvio de poder em direito administrativo. *In:* Estudos de Direito Público. V. 1 – Dissertações. Coimbra, 1989.

RABELLO, Sônia. *O Estado na preservação dos bens culturais*: o tombamento. Rio de Janeiro: IPHAN, 2009.

REPÚBLICA PORTUGUESA. Lei nº 107/2001. Estabelece as bases da política e do regime de protecção e valorização do património cultural. Disponível em: https://dre.pt/dre/legislacao-consolidada/lei/2001-72871514. Acesso em: 25 fev. 2023.

ROCHA, Carmen Lúcia Antunes. Princípios constitucionais do processo administrativo no direito brasileiro. *Revista de Informação Legislativa*. Brasília, nº 136, out./dez. 1997, p. 5-28.

RODRIGES, Ricardo José Pereira. *Regime jurídico do servidor público nos Estados Unidos*. Brasília: Câmara dos Deputados, Consultoria Legislativa. Estudo de Novembro 1995. Disponível em: http://www2.camara.leg.br/documentos-e-pesquisa/publicacoes/estnottec/arquivos-pdf/pdf/510256.pdf. Acesso em: 22 fev. 2017.

RODRIGUES, José Eduardo Ramos. Tombamento e patrimônio cultural. *Doutrinas Essenciais de Direito Ambiental*, vol. 3, p. 143-166. Mar. 2011.

SANTIAGO, Marcus Firmino. Liberalismo e bem-estar social nas constituições brasileiras. *História Constitucional*, n. 16, p. 339-372, 2015.

SILVA, Ildefonso Mascarenhas. *Desapropriação por necessidade e utilidade pública*. Rio de Janeiro: Aurora Limitada, 1947.

SILVA, José Afonso da. *Comentário contextual à Constituição*. 4. ed. São Paulo: Malheiros, 2007.

SILVA, José Afonso. *Curso de direito constitucional positivo*. 19. ed. São Paulo: Malheiros, 2001.

SUNDFELD, Carlos Ari. A função social da propriedade. *In:* DALLARI, Adilson Abreu; FIGUEIREDO, Lúcia Valle. *Temas de direito urbanístico 1*. São Paulo: RT, 1987.

SUNDFELD, Carlos Ari. *Direito administrativo ordenador*. São Paulo: Malheiros, 2003.

SUNDFELD, Carlos Ari. Até onde os tombamentos podem ir? *O Globo*. 19.01.2024. Disponível em: https://oglobo.globo.com/blogs/fumus-boni-iuris/post/2024/01/carlos-ari-sundfeld-ate-onde-os-tombamentos-podem-ir.ghtml. Acesso em: 20 fev. 2024.

SUPERIOR TRIBUNAL DE JUSTIÇA. REsp n. 30.519/RJ, relator Ministro Antônio Torreão Braz, Segunda Turma, julgado em 25.5.1994, DJ de 20.6.1994, p. 16077.

SUPERIOR TRIBUNAL DE JUSTIÇA. RMS n. 8.252/SP, relatora Ministra Laurita Vaz, Segunda Turma, julgado em 22.10.2002, DJ de 24.2.2003, p. 215.

SUPERIOR TRIBUNAL DE JUSTIÇA. RMS 18.952/RJ, relatora Ministra Eliana Calmon, Segunda Turma, julgado em 26.04.2005, DJ 30.05.2005, p. 266.

SUPERIOR TRIBUNAL DE JUSTIÇA. REsp 1129103/SC, relator Ministro Arnaldo Esteves Lima, Primeira Turma, julgado em 08.02.2011, DJe 17.02.2011.

SUPERIOR TRIBUNAL DE JUSTIÇA. REsp 753.534/MT, relator Ministro Castro Meira, Segunda Turma, julgado em 25.10.2011, DJe 10.11.2011.

SUPERIOR TRIBUNAL DE JUSTIÇA. REsp n. 1.359.534/MA, relator Ministro Herman Benjamin, Segunda Turma, julgado em 20.2.2014, DJe de 24.10.2016.

SUPERIOR TRIBUNAL DE JUSTIÇA. *Jurisprudência em Teses*. Edição nº 127. Intervenção do Estado na Propriedade Privada. 14/06/2019.

SUPERIOR TRIBUNAL DE JUSTIÇA. REsp n. 1.791.098/RJ, relator Ministro Herman Benjamin, Segunda Turma, julgado em 23.4.2019, DJe de 2.8.2019.

SUPERIOR TRIBUNAL DE JUSTIÇA. RMS n. 55.090/MG, relator Ministro Gurgel de Faria, Primeira Turma, julgado em 21.11.2019, DJe de 3.12.2019.

SUPERIOR TRIBUNAL DE JUSTIÇA. REsp n. 1.547.058/MG, relator Ministro Herman Benjamin, Segunda Turma, julgado em 6.12.2016, DJe de 26.8.2020.

SUPERIOR TRIBUNAL DE JUSTIÇA. REsp n. 1.538.384/MG, relator Ministro Herman Benjamin, Segunda Turma, julgado em 8.11.2016, DJe de 28.8.2020.

SUPERIOR TRIBUNAL DE JUSTIÇA. REsp n. 2.030.887/PA, relatora Ministra Nancy Andrighi, Terceira Turma, julgado em 24.10.2023, DJe de 7.11.2023.

SUPREMO TRIBUNAL FEDERAL. RE 182782, Relator Moreira Alves, Primeira Turma, julgado em 14.11.1995, DJ 09-02-1996 PP-02092 EMENT VOL-01815-08 PP-01489.

SUPREMO TRIBUNAL FEDERAL. RE 153531, Relator Francisco Rezek, Relator(a) p/ Acórdão: Marco Aurélio, Segunda Turma, julgado em 03.06.1997, DJ 13.03.1998 PP-00013, EMENT VOL-01902-02 PP-00388.

SUPREMO TRIBUNAL FEDERAL. RE 219292, Relator Octavio Gallotti, Primeira Turma, julgado em 07.12.1999, DJ 23-06-2000 PP-00031. EMENT VOL-01996-01 PP-00118

SUPREMO TRIBUNAL FEDERAL. ADI 2544, Relator Sepúlveda Pertence, Tribunal Pleno, julgado em 28.06.2006, DJ 17-11-2006 PP-00047 EMENT VOL-02256-01 PP-00112 LEXSTF v. 29, n. 337, 2007, p. 73-86.

SUPREMO TRIBUNAL FEDERAL. ADI 1706, Relator: Eros Grau, Tribunal Pleno, julgado em 09.04.2008, DJe-172 DIVULG 11-09-2008 PUBLIC 12-09-2008 EMENT VOL-02332-01, PP-00007.

SUPREMO TRIBUNAL FEDERAL. HC 95967, Relatora Ellen Gracie, Segunda Turma, julgado em 11.11.2008, DJe-227 DIVULG 27-11-2008 PUBLIC 28-11-2008 EMENT VOL-02343-02 PP-00407 RTJ VOL-00208-03 PP-01202.

SUPREMO TRIBUNAL FEDERAL. ACO 1966 AgR, Relator Luiz Fux, Tribunal Pleno, julgado em 17.11.2017, Acórdão ELETRÔNICO DJe-268 DIVULG 24.11.2017 PUBLIC 27.11.2017.

SUPREMO TRIBUNAL FEDERAL. ACO 1208 AgR, Relator Gilmar Mendes, Tribunal Pleno, julgado em 24.11.2017, Acórdão Eletrônico DJe-278 DIVULG 01.12.2017 PUBLIC 04.12.2017.

SUPREMO TRIBUNAL FEDERAL. Voto na ADI 5352, Relator(a): Min. Alexandre de Moraes, Tribunal Pleno, julgado em 25.10.2018, Processo Eletrônico DJe-257 DIVULG 30.11.2018 PUBLIC 03.12.2018.

SUPREMO TRIBUNAL FEDERAL. RE 1099660 AgR, Relator(a): Gilmar Mendes, Segunda Turma, julgado em 27.09.2019, PROCESSO ELETRÔNICO DJe-219 DIVULG 08-10-2019 PUBLIC 09-10-2019.

SUPREMO TRIBUNAL FEDERAL. ACO 2176 ED-AgR, Relator(a): Cármen Lúcia, Tribunal Pleno, julgado em 04.10.2019, Processo Eletrônico DJe-228 DIVULG 18.10.2019 PUBLIC 21.10.2019.

SUPREMO TRIBUNAL FEDERAL. ADI 5670, Relator(a): Ricardo Lewandowski, Tribunal Pleno, julgado em 11.10.2021, Processo Eletrônico DJe-212 DIVULG 25.10.2021 PUBLIC 26.10.2021.

SUPREMO TRIBUNAL FEDERAL. SL 1633 MC-Ref, Relator(a): Rosa Weber (Presidente), Tribunal Pleno, julgado em 22.08.2023, Processo Eletrônico DJe-s/n DIVULG 01.09.2023 PUBLIC 04.09.2023.

TELLES, Antônio A. Queiroz. *Tombamento e seu regime jurídico.* São Paulo: Revista dos Tribunais, 1992.

TRIBUNAL DE JUSTIÇA DO ESTADO DE SÃO PAULO. Apelação / Remessa Necessária 1008520-54.2021.8.26.0564; Relatora: Maria Laura Tavares; Órgão Julgador: 5ª Câmara de Direito Público; Foro de São Bernardo do Campo; 2ª Vara da Fazenda Pública; Data do julgamento: 30.03.2023; Data de Registro: 30.03.2023.

TRIBUNAL REGIONAL FEDERAL DA 1ª REGIÃO. AC: 16725 PA 94.01.16725-7, Relator: Juiz Leão Aparecido Alves (CONV.), Data de Julgamento: 24.10.2001, Terceira Turma Suplementar. Data de publicação: 23.01.2002 DJ p.03.

UNITED NATIONS. General Assembly. *Declaration on the Right to Development.* Disponível em: http://www.un.org/documents/ga/res/41/a41r128.htm. Acesso em: 09 jul. 2017.

UNITED KINGDOM. PRINCIPLES OF SELECTION FOR LISTED BUILDINGS. Disponível em: https://assets.publishing.service.gov.uk/media/5beef3c9e5274a2b0b4267e0/Revised_Principles_of_Selection_2018.pdf.

VENOSA, Silvio de Salvo. *Direito civil:* direitos reais. 5. ed. São Paulo: Atlas, 2005.

VIANA, Marco Aurélio S. *In:* TEIXEIRA, Sálvio de Figueiredo. *Comentários ao Novo Código Civil* – Vol. XVI: dos direitos reais. Rio de Janeiro: Forense, 2007.

VITTA, Heraldo Garcia. O silêncio no direito administrativo. *Revista de Direito Administrativo,* v. 218, p. 113–138, 1999.

WHITAKER, F. *Desapropriação.* 3. ed. São Paulo: Atlas, 1946.